दिल की दहलीज़ के उस पार

कहानी संग्रह

डॉ. निरुपमा राय

Delhi-110089, India

प्रथम संस्करण : 2021
ISBN : 978-93-90889-97-6

मूल्य : 250/-

© सम्बंधित रचनाकार के अधीन

आवरण : प्रिया

दिल की दहलीज़ के उस पार (कहानी संग्रह)
-डॉ. निरुपमा राय

Dil ki Dehleej ke us paar (kahani Sangrah)
-Dr. Nirupama Roy

Published by
PRAKHAR GOONJ PUBLICATION
H-3/2, Sector-18, Rohini, Delhi-110089
Email : prakhargoonj@gmail.com
sinha.neelu123@gmail.com
Ph. : 011-42635077, 7982710571, 7838505899
web : prakhargoonjpublications.com

इस पुस्तक के किसी भी हिस्से को प्रकाशक अथवा लेखक की पूर्व अनुमति के बिना इलेक्ट्रॉनिक अथवा किसी अन्य माध्यम द्वारा पुनः प्राप्ति समेत किसी भी रूप मे प्रतिलिपिकृत, अनूदित अथवा संगृहीत नहीं किया जा सकता है और न ही किसी भी रूप में अथवा किसी भी माध्य से इसे प्रसारित किया जा सकता है। ऐसा किए जाने पर सम्बंधित के विरुद्ध कानूनी कार्यवाही की जा सकती है।

परिचय

नाम - डॉ. निरुपमा राय

शिक्षा - एम ए (संस्कृत) नेट, पी.एच.डी, डी.लिट्

प्रकाशित पुस्तकें/कहानी संग्रह-

1) और झरना बह निकला

2) खूंटे से समाधि तक

3) चाक पर मिट्टी

4) प्रतिरूप तुम्हारा

5) नारी परिवर्तन के दर्पण में-(नारी विमर्श)

शोध ग्रंथ-

1) विष्णु पुराण में भक्ति तत्व (पी.एच.डी)

2) संस्कृत साहित्य पर वैष्णव धर्म दर्शन का प्रभाव पोस्टडॉक्टरल रिसर्च (U G C)

3) श्वेताश्वतरोपनिषद्-(हिंदी पद्यानुवाद)-अनुभूति के सोपान

कहानी संकलन-

1) पलाश वन की बयार

2) वृद्ध जीवन की कहानियां

3) स्त्री संघर्ष की कहानियां

4) पत्तियों से छनती धूप

5) बीसवीं सदी की महिला साहित्यकारों की कहानियां

6) अम्लघात-अंतरराष्ट्रीय कहानी संग्रह (अमेरिका)

कई काव्य संकलनों में कविताएं संकलित देश की प्रतिष्ठित पत्र-पत्रिकाओं में 250 से अधिक कहानियां 50 कविताएं और वेद पुराण और उपनिषदों से जुड़े कई आलेख प्रकाशित। राष्ट्रीय स्तर पर मिले सम्मान और पुरस्कार।

1) महादेवी वर्मा सम्मान

2) राष्ट्रधर्म कथा पुरस्कार

3) राधेश्यामचितलांगिया स्मृति कथा पुरस्कार

4) मेरी सहेली कहानी पुरस्कार

5) पायनियर बुक कंपनी कहानी सम्मान

6) दिल्ली प्रेस कहानी प्रतियोगिताओं में दर्जनों कहानियां पुरस्कृत

7) स्पंदन साहित्य समर्था कहानी पुरस्कार

8) विद्या तिवारी वामा श्री सम्मान–चाक पर मिट्टी–कहानी संग्रह पर

9) कमलेश्वर स्मृति कथाबिंब कहानी पुरस्कार

10) क्षेत्रीय स्तर पर कई कहानियां पुरस्कृत

11) प्रथम कहानी–अनुभूति–राजस्थान साहित्य अकादमी की पत्रिका मधुमति में प्रकाशित

प्रसारण–

1) आकाशवाणी पूर्णिया पटना दिल्ली से प्रसारण

2) डीडी नेशनल से कहानियों पर आधारित कार्यक्रम का प्रसारण।

कार्य– व्यक्तित्व और कृतित्व पर विद्यार्थियों द्वारा पीएचडी शोध कार्य किया जा रहा है।

संप्रति– असिस्टेंट प्रोफेसर

संस्कृत विभाग–पूर्णिया

पूर्णिया विश्वविद्यालय पूर्णिया।

विशेष–

1) प्रण्यास सदस्या/संयोजक–साहित्य विभाग–कला भवन पूर्णिया।

2) संयोजिका– बेटी बचाओ बेटी पढ़ाओ– जिला पूर्णियां

3) सदस्या– हिंदी विद्यापीठ देवघर

4) वर्ष 2000 से 2005 तक जिला परिषद– कटिहार की सदस्या। फलका–1 से जिला परिषद के लिए चयनित होकर महिला शिक्षा और स्थानीय समस्याओं के लिए कार्य करने का अनुभव।

समर्पण

कहानी लेखन में मेरी प्रेरणा विश्व प्रसिद्ध कथाकार और बेमिसाल व्यक्तित्व की धनी मातृस्वरूपा श्रीमती चित्रा मुद्गल जी को सादर समर्पित।

अपनी बात

अपना नया कहानी संग्रह "दिल की दहलीज़ के उस पार" सुधी पाठकों के कर कमलों में सौपते हुए अपार हर्ष की अनुभूति हो रही है। जीवन एक सरल सीधी रेखा सा कहाँ है...? कई तिरछी मुड़ी हुई कठिन राहों और पगडड़ियों का साक्षी है। एक स्त्री... जो केवल बेटी, बहन, माँ, पत्नी ही नहीं स्वयं में एक विराट सत्ता है। जिसका भान उसे विरले ही होता है। मन ही मन वेदना का अम्बार समेटे हुए भी अधर पर मुस्कान मंडित मौन रखने वाली स्त्री के दिल की दहलीज़ के दोनों तरफ संवेदनाओं का सागर उमढ़ता रहता है। कई बार सागर का उफान सीपियों और कुछ अवांछित पदार्थों को भी मन के तल पर फेंक देता है। और कभी तो कई सुन्दर सीपियों को दिल की दहलीज़ के उस पार छोड़ना नियति बन जाती है। तभी तो कभी वो कुसमुमाला का जीवन जीने पर विवश हो जाती है तो कभी मन से चाहकर भी माथे पर नीली बिन्दी नहीं लगा पाती। कई बार उसके मन में प्रश्न उठते हैं... जब नन्ही कन्या भ्रूण गर्भ में ही आर्त्तनाद पर विवश हो कह उठती है, अगर मैं होती। एक नई भोर की प्रतीक्षा में आतुर आज की लड़की इतिहास तो रचती है पर वैधव्य-योग जैसी कई विडम्बनाओं की श्रृंखला में आबद्ध होकर एक नहीं पाँचवी कथा का पात्र भी बन जाती है। स्त्री प्रताड़ना की भाषा इस बाधाग्रस्त समाज और परिवेश में कौन समझने का प्रयास करता है। जिन्दगी के भंवर में अपना स्वत्व खोने पर विवश दीवारों के उस पार वो एक नई विडम्बना का सामना करती है... जहाँ स्त्रीत्व एक पंचनामा का स्वरूप ले लेता है और ना चाहते हुए भी विवशताओं के चाँप पर चढ़ा दी जाती है। और ये श्रृंखला अनवरत चलती जाती है। स्त्री के जीवन से जुड़ी गाथाएँ कभी खत्म नहीं होतीं क्योंकि एक स्त्री का जीवन बचपन से मृत्युपर्यंत कहानी नहीं गाथा ही तो है। दिल की दहलीज़ के उस पार सैंकड़ों पीड़ाओं और विडम्बनाओं को सहती, फिर भी दर्पण में बिंदिया सहेजती एक स्त्री अपने जीवन में परिवर्तन चाहती है... इसलिए आज वो परिवर्तन की वाहक और साक्षी बन रही है। वो समय दूर नहीं है जब एक स्त्री "मैं हूँ ना" कहकर स्वयं को थपकियाँ देती आनन्द के सागर में निमज्ज

हो रही होगी। प्रयास जारी है और सार्थक भी है... है ना? आप सब की शुभेच्छाओं की आकांक्षिणी और आप की बहूमूल्य प्रतिक्रिया की प्रतीक्षा में।

डॉ. निरुपमा राय
पूर्णियाँ, बिहार

अनुक्रमणिका

1) कुसुममाला 13
2) नीली बिंदी 22
3) अगर मैं होती... 28
4) नई भोर की प्रतीक्षा 37
5) आज की लड़की 45
6) वैधव्य योग 52
7) पांचवी कथा 57
8) भाषा 66
9) बाधाग्रस्त 69
10) जिंदगी के भंवर में 77
11) दीवारों के उस पार 84
12) पंचनामा 92
13) चाँप 100
14) गाथाएँ कभी खत्म नहीं होतीं 113
15) दर्पण में बिंदिया 124
16) दिल की दहलीज़ के उस पार 132
17) मैं हूँ ना! 143

कुसुममाला

"दीदी! माँ नहीं रही... कल रात दो बजे...।" कहते हुए मीना का स्वर भारी हो उठा था। कैसे...? कब...? क्यों? जैसे प्रश्न बेमानी थे। मेरी दृष्टि में तो वो उसी दिन से मृत्यु-शय्या पर थीं, जिस दिन "शिवजी" ने घर छोड़ा था। ज्येष्ठ पुत्र का इस तरह अचानक घर त्याग कर चल देना... और पत्र में लिखे चंद शब्द... "जा रहा हूँ... क्यों? तुम्हें पता है... कहाँ? ये मैं भी नहीं जानता... शायद अब कभी ना लौटूं... प्रतीक्षा मत करना...।" और एक माँ के जीवन में विराट् शून्य का उत्पन्न हो जाना, साक्षी रही हूँ इस सत्य की। आज तो बच्ची बुआ का शरीर नष्ट हुआ था... आत्मा तो कब की मर चुकी थी।

बुआ मेरे पिता से बारह वर्ष छोटी थीं। जब से मैंने होश संभाला उन्हें कभी खुश नहीं देखा। एक अनकही पीड़ा... एक वेदना उनके चेहरे पर स्पष्ट प्रतिभासित होती थी। बहुत कम बोलती थीं बुआ। मिथिला में एक कहावत है, "माय-धिया दू जात... पीसी... भतीजी एक जात", यानि बुआ और भतीजी का रिश्ता माँ-बेटी के रिश्ते से भी बढ़कर होता है। पर मेरे साथ ऐसा नहीं था। बुआ ने कभी हँसकर दो बोल नहीं बोले... कभी कलेजे में भींचकर प्यार नहीं किया। उनके आस-पास जैसे बर्फ की चट्टान जमी रहती थी। प्रेम... अनुभूति... उल्लास... करूणा... संवेदना... कोई भी उष्मा उस चट्टान को पिघलाने में असमर्थ थी।

बालपन में तो सब कुछ ठीक लगा। पर जैसे-जैसे मेरी उम्र बढ़ती गयी बुआ मेरे लिए एक अबूझ पहेली बनती गयीं। दस वर्ष की थी मैं, जब बुआ ब्याहकर ससुराल चली गयीं। मुझे आज भी याद है जब महीने भर बाद वो ससुराल से लौटी थीं... सुन्दर बनारसी साड़ी और गहनों से सजी बुआ के चेहरे पर वही चिरपरिचित सन्नाटा था... उमंग की किरणें किसी कोने से नहीं झलक रही थीं। और मैंने माँ से कहे गये फूफाजी के शब्द भी सुने थे "भाभी किस पत्थर से बाँध दिया मुझे...। इस पर तो किसी भावना का कोई प्रभाव ही नहीं पड़ता... सब कुछ कृत्रिम सा लगता है... बनावटी... अनुभूति विहीन...।"

उस समय इन भारी भरकम शब्दों को ठीक से समझ नहीं पायी थी... पर मेरे प्रश्नों की छड़ी ने माँ और दादी के अन्तर्मन में गहरे तक जमी एक "कथा" को धीरे-धीरे कुरेदना शुरू कर दिया था और टुकड़े-टुकड़े होकर वो झरने भी लगी थी... वर्षों झरती रही थी... समय अपनी गति से आगे बढ़ता जा रहा था। बुआ की मृत्यु के समाचार से आहत मेरा मन अनायास उस पुरातन कथा की किर्चे समेटने लगा है... कई बिम्ब उभर रहे हैं... कई खण्डों में सुनी गयी कथा को एक सूत्र में पिरोने का प्रयास करती मैं अनायास बहुत पीछे चली गयी हूँ... वहाँ, जहाँ आँगन में रखे अपने पति के शव पर विलाप करती एक स्त्री मर्मांतक पीड़ा से दोहरी हुई एक ही बात रट रही है। पूरे समाज के सामने कातर स्वर में गिड़गिड़ा रही है, "सब ध्यान से सुन लीजिये... कल कोई मुझ पर लांक्षण न लगाए मैं छह महीने की गर्भवती हूँ न जाने किस पाप घड़ी में ये बच्चा गर्भ में आया कि बाप को ही लील गया...।"

मात्र पैंतीस वर्ष की उम्र में वैधव्य झेलने पर विवश वो स्त्री, सीता नियति के इस कशाघात पर हत्प्रभ थी। अपनी इस अनचाही सन्तान से मुक्ति पाने के लिये उसने हर संभव उपाय आजमाया... खूब पपीता खाया... आक-धतूरे के बीज तक पीसकर पी गयी... पेट पर मुक्के मार-मार कर हाथ दुःख गये... पर, "जाको राखे साईयाँ मार सके न कोय" यह उक्ति चरितार्थ होती गयी और आठवें महीने में ही एक कन्या दुःख झेलने इस धरती पर आ गयी।

"हे ईश्वर! ये लड़की तो एकदम स्वस्थ है... साँस ले रही है।" निपट देहाती गाँव की एकमात्र नर्स कम्मो दाई ने दाँतों तले अंगुली दबा ली थी।

"अठमसुवा बच्चा कहीं बचे छै...?" सीता की जेठानी ननदें भी हत्प्रभ रह गयी थीं। पर... आठवें महीने में जन्म लेकर भी वो बच गयी थी... नियति ने उसके खाते में कई दर्द जो लिख डाले थे। नन्हीं बच्ची भूख से कलपती रहती पर सीता का मन ही नहीं करता उसे दूध पिलाने का... उसका एक ही उत्तर होता... "पेट में अएते ही बाप के खाय गेलैय।" "बच्ची भूख से रो-रोकर हलकान हो जाती तो घर में काम करनेवाली नरेशबा की माई गाय का दूध कटोरे चम्मच से पिलाती मालकिन को तसल्ली देती रहती," की करबै बहुरिया

मालिक गेलखिन अपन करम सँ... ई धिया अएलै अपन भाग सँ... बच्चा के आहार नय छीनी... लियो अपन दूध पिया दियो...। पर छाती से बच्ची को लगाते ही सीता को लगता जैसे विषदन्त लग गये हों। बच्ची चार महीने की हो चली थी... गोल-गोल आँखें मटकाती... होंठ टेढ़ा करती मुस्काती, तो माँ का हृदय जरूर डोल उठता था। धीरे धीरे सीता बच्ची के प्रति नरम होने लगी थी। उसके तीनों बेटे भी बहन को खूब दुलारते... गाँव से पाँच कोस दूर स्कूल में जाकर पढ़ रहे बेटों को ही अपना भविष्य मान कर सीता हृदय की पीड़ा को पीने लगी थी। "भौजी! एकर नाम की राखबे?" नन्हीं बच्ची को तेल लगाती छोटी ननद ने एक दिन पूछा तो सीता सोच में पड़ गयी, बोली... "विलासपुर वाली काकी से पूछि के नाम धरबै... सुन्दर नाम भगवती के नाम पर...।"

यहाँ बच्ची के नामकरण की बात सोची जा रही थी और इधर नियति अपनी वक्र चाल चलने जा रही थी। वो एक सामान्य सी दोपहरी थी... जब स्कूल से लौटे तीनों लड़के अचानक भीषण ज्वर से तपते काँपते बिस्तर पर जा गिर थे... नरेशवा माई भागकर नर्स को बुला लाई थी... नर्स बुखार का लाल गाढ़ा सीरप पिलाकर ताकीद कर गयी थी... "कै- दस्त होगा तो खबर भेजवाईयेगा... बीसियों गाँव में हैजा फैल गया है...।"

हे भगवती! रक्षा... दया... कृपा...! दया श्रीराम! हे पुरानी कुईयाँ वाले पीर। हे ब्रहाबाबा! हे भोलेनाथ! जय हो राधा-कृष्ण... पूरी रात देवता-पितरों को गुहारते बीती थी... रो-रोकर सीता का बुरा हाल था और आँगन के एक कोने में पड़ी चटाई पर लेटी नन्हीं बच्ची गला फाड़कर चीख रही थी। शायद आसन्न विकट काल का उसे आभास हो गया था।

दो रातें बीतते-बीतते छोटे लड़के का बुखार तो उतर गया पर दोनों बड़े लड़के कै-दस्त से बेहाल होकर तीसरी रात हैजे की भेंट चढ़ गये। माय गे! सीता ने छाती पीट-पीटकर लाल कर ली थी। दो जवान बच्चों की असमय मृत्यु पर पूरा गाँव सन्न था... मूक-वधिर से खड़े थे लोग... समझाने के लिये शब्द थे ही कहाँ...? अचानक सीता उन्माद की अवस्था में तेजी से भीतर दौड़ी और पाँच महीने की उस कन्या को उठाकर धरती पर पटक दिया।

"ई की करै छिये बहुरिया...?" सब ने रोकना चाहा पर क्षण मात्र में धरती पर फेंकी गयी बच्ची का रूदन और सीता की चीख एक साथ गूंज उठी थी,

"विपैत छै... भारी विपैत छै ई विषकन्या... आय या ते ई रहतै या हम...!" (विपत्ति हैं... भारी विपत्ति है, यह लड़की। आज ये रहेगी या मै।) लोगों ने किसी तरह सीता को संभाला। और नियति की माया! जोर से भूमि पर पटकने पर भी बच्ची को कुछ नहीं हुआ था। कुछ ही देर में कटोरे-चम्मच से, दूध पीती वो धीरे-धीरे सिसकती, करूण दृष्टि से नरेशवा माई को देखती उसके आँचल को मुट्ठी में भींचे झपकी लेने लगी थी। "ई सब में एकर की दोष? हे विधाता किया जनम देलिये...?" (इसमें इसका क्या दोष? हे विधाता! क्यों जन्म दिया) नरेशवा माई बार-बार आँचल से आँसू पोंछ रही थी। कलेजा कट रहा था।

फिर, समय चक्र तीव्रता से घूमा... असहाय सीता और उसके दोनों शेष बच्चों को सीता के भाई जमींदार मंगल पाठक अपने घर ले आए। मेरी बहन ससुराल में किसी की धौंस क्यों सहे? हमारी जमींदारी में हजारों लोग पलते हैं, "ये भी सपरिवार रह लेगी।" यह भाई का बहन के प्रति स्नेह नहीं समाज को दिखाने का अहंकार था। अनपढ़ सीता ने उन सभी महत्त्वपूर्ण कागजों पर भाई के कहने से अंगूठा लगा दिया जो उसे यह कहकर दिये थे कि उसके पति के जमीन-जायदाद के कागज हैं और अंगूठा लगाते ही सीता के नाम पर हो गये हैं। झूठका पता तब चला जब मैट्रिक पास कर चुके बेटे को आगे की पढ़ाई के लिये उसने पटना भेजना चाहा।

"पटना में पढ़कर क्या करेगा... कस्बे में इन्टर कॉलेज है या नहीं...? पैसे क्या पेड़ पर उगते हैं?" भाई तमककर बोला था। "लेकिन इसके पिता की जमीन-जायदाद है न वही बेचकर।" सीता की बात अधूरी ही रह गयी थी। जमींदार भाई ने बहन की असहाय अवस्था का फायदा उठाकर सारी जायदाद हड़प ली थी। ऊपर से तर्क ये था कि वो बहन के परिवार का भरण-पोषण तो कर रहा है। किसी तरह अपने जेवर बेचकर उसने बेटे को पटना भेज दिया था। क्या करती, उसे दिखता नहीं था क्या, किस तरह बेटा मामा-मामी के सैकड़ों काम निबटाता सेवक बना फिरता था। ऐसे में उसकी दृष्टि बेटी पर जाकर टिक जाती और मन वितृष्णा से भर उठता... इसी के

कारण...! ऐसी ही मनस्थिति में बैठी वो एक शाम बड़ियाँ और पापड़ छत से उतार रही थी कि पड़ोस की विमला भौजी आ गयी।

"सीता दाय! ई बेटी के नाम की राखलिये?" सीता के मन में अपनी कही एक बात गूंजी... भगवती के नाम पर इसका नाम... नहीं... अगर देवी माँ के नाम पर नाम रखा, तो पूजा-अर्जना के समय भी शांति नहीं पाऊँगी... आते ही पिता को... दो-दो जवान भाईयों को... उसका मन मथने लगा... न चाहते हुए भी मुँह से निकल गया,

"एकर नाम विपदा (विपत्ति) छै... विपदा!"

"विपदा!"

"लेकिन...? एहन नाम...?"

"हमर बेटी छै... हम जे नाम धरिए... लोगक की...! (मेरी बेटी है जो नाम रखूँ लोगों को क्या?) सीता तमतमा उठी थी। विमला चुपचाप चली गयी थी... नन्हीं बच्ची खिलखिला उठी थी। सीता जब भी उसे पुकारती "विपदा" ही कहती। उसकी देखा-देखी सभी विपदा ही कहने लगे। ए विपदा! बच्चे पुकारते वो तुरन्त पलटकर देखती। उस क्षण उस मासूम को क्या पता था कि जिस नाम को सुनकर वो पलटकर, पीछे देखती किलकारी मारती है, यही नाम उसे वेदना के सलीब पर टाँग देगा। माँ की अवहेलना और मामियों की डाँट-फटकार और व्यंग्यवाण झेलते हुए बच्ची बड़ी होने लगी। होश संभालते ही उसे सबसे पहले जो चीज चुभी... वो था उसका नाम... "विपदा" और वो इस दंश से कभी उबर ही नहीं पायी... मामियाँ... मामा... अपनी माँ पुरातन किस्सों को उस तरह इस्तेमाल करती जैसे दाल में नमक... दिन में एक बार पुरानी कथा नहीं दोहराई, तो जैसे जीवन ही बेस्वाद हो जाएगा। सात वर्ष की बच्ची मामियों की चाकरी ही करती रह जाती अगर बड़े भाई ने किसी तरह मामा से कह सुनकर उसे सरकारी स्कूल में दाखिला नहीं दिला दिया होता।"

"नाम क्या है?" बड़े मास्टरसाहब ने पूछा तो माँ झटके से बोल पड़ी थी, "विपदा कुमारी।" उसने बड़े भाई का हाथ जोर से पकड़कर कहा था... "मेरा नाम वो नहीं है... मैं... अपना नाम... कुसुममाला लिखाऊँगी।"

"अच्छा... अच्छा! यही नाम लिखिये मास्टरजी।" भाई तो हँस पड़ा था... पर माँ चुप रह गयी थी।

कु... सु... म... मा... ला? मामियाँ ठठाकर हँस पड़ी थीं... माँ ने कहा, अब जो इसकी इच्छा। उस दिन बच्ची बहुत खुश थी... पर धीरे-धीरे खुशी मायूसी में बदलने लगी, घर के सारे लोग, साथ पढ़नेवाले बच्चे और गाँव के लोग अब भी उसे "विपदा" कहकर ही बुलाते थे... कुसुममाला नाम रजिस्टर में ही रह गया था। वो बड़ी हो रही थी... चेहरे पर युवावस्था के आगमन का संकेत देती आभा फूटने लगी थी... वो भी छिप-छिप कर दर्पण में स्वरूप निहारती एक सुन्दर सपने को मन ही मन जीने लगी थी। पर तभी तक... जब तक कोई नाम लेकर पुकारता नहीं था... जैसे ही एक पुकार आती, "विपदा! कहाँ हो? क्या कर रही हो?" वो धरातल पर आ गिरती समय बीतता रहा वो मन में एक नासूर लिये जीती रही। भाई को ऊँची नौकरी मिली भाभी आयी और एक दिन पढ़ी-लिखी भाभी ने स्नेह से छोटी ननद से कहा, "माता जी ने आपका नाम "विपदा" क्यों रख दिया? ऐसा कोई नाम रखता है... मैं तो आपको "बच्ची" कहूँगी... ठीक है? "उसके मौन स्वीकृति दे दी थी... कहाँ कह पायी थी, भाभी मुझे बच्ची नहीं कुसुममाला कहिये।" मन का दर्द सीमाएं लाँघ गया था, जब नयी बहु को भी माँ बार-बार उसकी जन्मगाथा और नामकरण के किस्से सुनाने लगी थी। "वो" पढ़ने में अच्छी नहीं थी किसी तरह मैट्रिक पास कर पायी और विवाह तय हो गया। पर यहाँ भी नियति एक "पत्ता" फेंक चुकी थी। बड़े भाई ने एक संभ्रांत परिवार के इंजीनियर लड़के से विवाह तय करना चाहा था, पर मामा ने अपना हक जताते हुए एक जमींदार परिवार की बहू बना डाला। माँ ने भी भाई का साथ दिया... "इंजीनियर लेकर क्या करना है? धन-धान्य परिपूर्ण घर हैं... गाड़ी है... जेवरों से लदी रहेगी अभागी... अरे! कभी तो सुख भोगे... हम भी चैन से रहेंगे। जब से जन्मी है...।" सब चुप रह गये थे और काठ हो गयी थी कुसममाला।

"हमारी बच्ची को बहुत प्यार दीजियेगा ओझाजी! (दामाद बाबू)... ये सरल हृदय है।" भाभी ने हाथ जोड़ लिये थे। "बच्ची अब मेरी पत्नी है भौजी! चिन्ता मत करिये।" दामाद ने भी सहज भाव से कहा था। उसे इन्तजार

था शायद पति "कुसुममाला" कहकर पुकारे पर... "हमारे यहाँ नववधु का नाम बदल दिया जाता है, तुम्हे "लक्ष्मी" नाम दिया है... कैसा लगा?" पति ने अंक में समेटते हुए कहा तब भी वो कहाँ कह पायी कि उसका नाम "कुसुममाला"... था। इस बार यह नाम शादी के कार्ड में ही छिपकर रह गया। शादी "कुसुममाला" की नहीं "विपदा" की हुई थी ना।

हम बच्चों ने भी उन्हें "बच्ची दीदी "ही कहा... उनका प्रिय नाम कभी पुकारा हो नहीं जा सका। पता नहीं नियति कभी-कभी इतनी क्रूर क्यों हो जाती है कि सारी वेदना एक ही स्त्री के आँचल में डालकर अट्टहास करती उसका मौन रूदन देखती रहती है। पति के साथ उनका रिश्ता बेहद औपचारिक था... "इससे बात करना तो पत्थर से सर फोड़ना है", फूफाजी को अक्सर कहते सुना था। समय बीतता रहा। विपदा, लक्ष्मी बनी फिर रामपुरवाली(रामपुर गाँव में मायका था न) और फिर शिव की माँ बड़े बेटे "शिवजी" से बुआ का आन्तरिक लगाव स्पष्ट झलकता था। तीनों बेटियों के प्रति वो निर्लिप्त सी थीं। आठ वर्ष का था शिव जब ब्रेन ट्यूमर से पिता की मृत्यु हो गयी। बुआ के जीवन का सारा स्पन्दन ही जड़ हो गया और वो पाषाण-प्रतिमा में बदल गयीं। इस बार भी दोष उन्हीं के सर मढ़ा गया... "न जाने कौन सी किस्मत लेकर आयी है... विपदा... विपदा ही रही लक्ष्मी नाम धर देने से हुआ ही क्या? फूटी किस्मत नाम से नहीं बदलती है।" इस घटना के तीन वर्ष के भीतर बुआ ने अपनी माँ... भाभी और स्नेहिल भाई को भी खो दिया। उनका अस्तित्व अपने घर के बरामदे में पड़ी आराम कुर्सी में ही सिमट कर रह गया... वो जीवित थीं, अभी एक और विडम्बना से साक्षात्कार जो होना था।

"शिव" को बुआ शिवजी कहा करती थीं। उसी को देखकर कभी-कभी उनकी आँखों में चमक सी कौंधकर विलुप्त हो जाती थी। शिव बेहद कुशाग्र बुद्धि का किशोर था... उम्र बढ़ने के साथ-साथ उसका मधुर स्वभाव सुन्दर विचार आचार-व्यवहार सब कुछ बहुत सुन्दर होता जा रहा था। लोग कहने लगे थे, "यही बेटा विपदा का भाग्य बदल देगा। भाग्यवानों को ही ऐसा बेटा मिलता है।" शिव की बी.ए. की परीक्षा खत्म हुई तो वो घर चला आया था। अब आई.ए.एस. की तैयारी करूंगा माँ... देखना मैं बहुत बड़ा अफसर बनूँगा। बुआ अपने

स्वभाव के वशीभूत होकर बोली तो कुछ नहीं थी, पर स्नेह से बेटे का सर जरूर सहला दिया था। पर नियति तो कुछ और ही सोच रही थी। एक रात शिव उनके पास आकर बोला, "क्या तुम जानती हो चाचा मेरी शादी तय करने वाले हैं?"

"हाँ!"

"माँ, तुम तो जानती हो मैं आगे पढ़ना चाहता हूँ... कुछ बनना चाहता हूं... ऐसे में अभी...? मात्र बीस साल का ही तो हूँ... कौन सी उम्र बीत रही है...। माँ! इस शादी को रोको...।" शिव विह्वल होकर बोला तो पीछे खड़े चाचा ने कहा, "सुमन तेरी चचेरी बहन है बेटा, जरा उसके बारे में सोच। उसकी ससुराल वाले अपनी बेटी से तेरा विवाह करना चाहते है। अगर तू इस शादी की सहमति नहीं देगा तो वो लोग सुमन को बहु बनाकर नहीं ले जाएंगे। तेरी दो बहनों का विवाह मैंने अच्छे परिवारों में करवाया... तेरे पिता के जाने के बाद तुम लोगों की देखभाल की...।"

"तो आप मुआवजा माँग रहे हैं?" शिव ने क्रोध से भरकर पूछा तो चाचा ने जोर से कहा, "जो भी हो तुझे ये विवाह करना ही होगा।" चाचा के जाने के बाद शिव ने माँ से पूछा, "क्या तुम मेरा भला नहीं चाहती?"

"मैंने क्या किया है?"

"तुम ये शादी रोक तो सकती हो ना... माँ हो मेरी।" शिव चिढ़ गया था।

"आज नहीं तो कल... शादी करनी ही है ना, तो अभी क्या बुरा है?" बुआ ने पूछा तो शिव मौन रह गया। घर में विवाह की तैयारियाँ जोर-शोर से होने लगी थीं। विवाह से एक दिन पहले शिव जो घर से गया, आज तक नहीं लौटा। कहाँ हैं... किसी को पता नहीं... वर्षों बीत गये... बेटे का पत्र छाती से लगाए बुआ ने दस साल बिस्तर पर काटे संज्ञाशून्य... जड़वत संवेदनाहीन...। पाषाणी सी बुआ की देह आज नश्वर हुई है, आत्मा तो बेटे के साथ ही चली गयी थी।

मन पीड़ा से भारी हो उठा था। एक स्त्री थी जो जीवन पर्यन्त पीड़ा के सलीब पर टंगी रह गयी थी उसे मुक्ति मिल गयी थी।

सात घंटे का सफर तय कर बुआ की ससुराल पहुँची। पार्थिव शरीर आँगन में रखा था। चेहरे पर वही चिरपरिचित सन्नाटा था... पर मुक्ति की चमक भी थी... आ जाती हैं कभी-कभी अभिशप्त आत्माएं धरती पर पाप का दण्ड भोगने। पंडित जी सामान जमाने में व्यस्त थे। बेटियाँ उनको नहलाकर वस्त्र बदल रही थीं। पुराना ब्लाउज उतारकर नया पहनाते वक्त मेरी दृष्टि उनकी दाहिनी बाँह पर पड़ी... जहाँ गोदना गुदवाया गया था... कुसुम मा ला... नीले अक्षरों में बुआ का प्रिय नाम... ओह! इसी गोदने को छिपाने के लिये ये हमेशा पूरी बाँह का ब्लाउज पहना करती थीं... मैं सोच में थी कि तभी मन्त्रोच्चार करते पंडित जी ने बुआ की बेटी मीना से पूछा, "मृतका का गोत्र? काश्यप।"

"पति का नाम?"

"मदन मोहन झा।"

"मृतका का नाम?"

"श्रीमती विप... नहीं लक्ष्मी देवी।" मीना ने कहा तो मैं बेचैन होकर बोल पड़ी, नहीं, इनका नाम कुसुममाला देवी है। पंडित जी कृपया इसी नाम से क्रियाकर्म करें...!

नाम में क्या रखा है...। विपदा कहिये... लक्ष्मी या कुसुममाला क्या फर्क पड़ता है? लोगों में फुसफुसाहट शुरू हो गयी थी। पर मैं जानती थी "नाम" से बहुत फर्क पड़ता है। शायद इस नाम से मंत्र पढ़े जाने पर बुआ की आत्मा को चिरस्थाई शान्ति मिल जाए। मेरी आँखें भीगती चली जा रही थीं... धुंधली आँखों से अन्तिम बार बुआ का चेहरा देखती मैं सोच रही थी काश! शिवजी अपनी माँ का अन्तिम संस्कार कर पाता अन्तिम साँस लेती बुआ ने निस्सन्देह ईश्वर का नहीं "शिव" का स्मरण ही किया होगा। पंडित जी मंत्र पढ़ रहे थे...।

न जायते म्रियते वा... न हन्यते हन्यमाने शरीरे काश्यपगोत्रीय पत्नी स्व० मदन मोहन झा... मृतका श्रीमती कुसुममाला देवी...। चचरी पर बंधी बुआ की मृत देह स्पन्दनहीन थी पर न जाने क्यों मुझे ऐसा लगा जैसे चेहरे पर जीवन भर लुप्त रही मुस्कान कौंधकर विलुप्त हो गयी हो।

नीली बिंदी

नीले प्लेन सिल्क के सलवार सूट में वो बेहद सुंदर लग रही थी। वो आईना देखकर बाल संवार रही थी और मैं निर्निमेष दृष्टि से उसे, अपनी छोटी बहन को देख रही थी। उसका चेहरा सौम्य और शांत लग रहा था, पर मेरे मन में भीषण उथल-पुथल मची थी। नीला रंग... अथाह गगन का ही नहीं, बल्कि असीम, विस्तृत प्रेम और उमंग का रंग भी है दीदी! जब भी ये रंग देखती हूं न, मन अपार उत्साह से भर उठता है। जीवन इतना सुंदर लगने लगता है कि मन करता है, सब कुछ आत्मा में समेट लूं। मुझे ही नहीं, समीर को भी ये रंग बहुत पसंद हैं... वो कहते हैं, मैं नीले रंग के कपड़े पहनकर बहुत सुंदर लगती हूं और जब मैं नीली बिंदी लगाती हूं न, तब अप्सरा लगती हूं... कहते-कहते लाज की मीठी-सी आभा उसके सुंदर मुखड़े पर इंद्रधनुषी रंग बिखेर जाया करती थी, मुझे आज भी वो सब कुछ विस्मृत नहीं हुआ है।

"क्या हुआ दीदी! चुपचाप क्यों बैठी हो? जाना नहीं है?" दीपा ने पूछा, तो मैं वर्तमान में लौटी।"

"बस, तुरंत तैयार हो रही हूं।" कहकर मैं कपड़े बदलने भीतर चली गई। हे ईश्वर! आज मुझे क्या हो गया है? क्यों फूट फूटकर रोने का मन कर रहा है? कहीं भी जाने का उत्साह तिरोहित हो गया है। नीले रंग से दीपा का बचपन से ही बेहद जुड़ाव था। मां कई बार चिढ़ जातीं, "दस तो पड़े हैं नीले रंग के ड्रेस, फिर वही ले आई। एक ही रंग है क्या दुनिया में? कभी लाल-हरा भी पहनकर देखो।"

"मैं तो अपनी शादी में भी नीला ही लहंगा पहनूंगी।" दीपा चहकते हुए कहती।

"हां, हां, तू सिंदूर की जगह नीला रंग ही मांग में भरना... ठीक?" दादी मां खिल खिलाकर हंस पड़तीं।

दादी मां की हंसी-हंसी में कही बात न जाने किस श्राप के साथ जुड़कर दीपा के जीवन में घुल-मिल गई, किसी को पता ही नहीं चल पाया और..."दीदी! बहुत दूर जाना है। लौटते-लौटते शाम हो जाएगी। तुम ऐसे क्यों बैठी हो?" दीपा

ने कहा, तो मैं संज्ञाशून्य अवस्था से बाहर निकलते हुए बोली, "नीला रंग खूब फब रहा है तुझ पर बहुत सुंदर लग रही है।"

"वो तो मैं हूं ही..." वो हंसी। मेरे मन में फिर कुछ टूटकर बिखर गया। अपनी हृदयगत पीड़ा को छिपाने का असफल प्रयास करते, फीकी हंसी हंसते लोग कितने असहाय लगते हैं। मैंने चुपके से उसका चेहरा निहारा। बड़ी बड़ी आंखें भीग गई थीं। उसकी सुंदर आंखें... इन्हीं आंखों पर रीझकर समीर और उसके परिवार वाले विवाह के लिए तैयार हुए थे।

समीर एक संपन्न परिवार का इकलौता बेटा था। दीपा जैसा पति और परिवार चाहती थी, उसे मिला। उसके सपने पंख लगाकर उड़ने लगे थे। "दीदी, समीर को भी नीला रंग बेहद पसंद है। हमारी पसंद, हमारी सोच, सब कुछ कितना मिलता है, अपनी सगाईवाले दिन में नीले शिफॉन का जरीदार सूट पहनूंगी। कानों में नीले नग जड़े भारी लंबे झुमके, गले में मैचिंग हार, चूड़ियां, सब कुछ एक ही रंग का और बड़ी-सी नीली बिंदी लगाऊंगी। सच दीदी मैं हमेशा सपने में खुद को इसी रूप में देखती आई हूं..." उसकी हृदयगत आनंद मिश्रित भावनाएं, उत्ताल तरंगों-सी नाच उठी थीं। कितनी सुंदर लग रही थी वो सगाईवाले दिन।

आज भी वो दिन और उसकी लुभावनी छवि आंखों में कैद है। उस पर समीर ने भी क्या सरप्राइज दिया था उसे... नीले रंग के सुंदर बॉक्स में नीलम जड़ा सोने का सेट और नीली बनारसी साड़ी वो बेहद खुश थी और उसे खुश देखकर हम सभी संतुष्ट थे। धूमधाम से विवाह संपन्न हो गया। दीपा अपने साकार स्वप्न को आंचल में सहेजकर एक नई दुनिया में खोती चली गई। दिल्ली के एक भव्य अपार्टमेंट में स्थित उसके घर जब मैं पहुंची थी, तो सजावट देखकर दंग रह गई थी। नीला रंग केवल रंग मात्र नहीं, एक सजीव कलात्मक संवेदनाओं से मंडित खूबसूरत एहसास भी है, पहली बार यह महसूस किया। इंसान जो सोचता है, उसे प्रत्यक्ष देखने की कल्पना मात्र उसे सिहरा दिया करती है और दीपा की तो कल्पना साकार हुई थी। हृदय से उसे ढेरों आशीष देकर मैं वापस लौटी थी, पर मन वहीं छूट गया था। सेंटर टेबल पर बिछे गुलाबी मेजपोश के मध्य में सुंदर भरवां कढ़ाई से बने मोर के नीले पंखों में... दीवार पर सजी राधा-कृष्ण की आसमानी

पृष्ठभूमिवाली नयनाभिराम तस्वीर में और दीपा के बेडरूम में लगे रैक पर सजी उसकी और समीर की सगाई की खूबसूरत फोटो में... सब कुछ कितना अदभुत-सा था।

समय खुशियों के पंख लगाए उड़ता जा रहा था। विवाह के दूसरे वर्ष एक गुड़िया-सी बेटी की मां बनकर दीपा आनंद के हिंडोले झूल रही थी कि चुपके से... धीमी गति से उसके द्वार पर एक दस्तक हुई। दुर्भाग्य की दस्तक, अच्छा भला स्वस्थ समीर एक दिन पेट दर्द से कराहता हुआ ऑफिस से लौटा बस, उसी क्षण से दीपा के सुंदर जीवन में एक झंझावात-सा उठा, जो उसके सारे सुखों को लीलने पर आतुर हो उठा। "मिसेज मिश्रा इन्हें लीवर कैंसर है... वो भी सेकंड स्टेज में... हम अपनी कोशिश करेंगे। आप लोग भी ईश्वर से प्रार्थना करें।" डॉ. ने सपाट स्वर में कह दिया था। पूरा परिवार सन्न रह गया था। फिर शुरू हुई अस्पताल से घर और घर से विभिन्न डॉक्टरों के क्लिनिक में दौड़। समीर की सेवा में दीपा ने कोई कसर नहीं छोड़ी, पर वही होता आया है, जो नियति चाहती है... समीर की स्थिति निरंतर बिगड़ती ही जा रही थी।

मैं जब समीर को देखने उसके घर पहुंची, तो दोनों की दशा देखकर मन छलनी हो गया। बिस्तर पर लेटा... निर्निमेष दृष्टि से कभी छत को, तो कभी एकटक दीपा के चेहरे को देखता समीर कितनी मार्मिक वेदना झेल रहा होगा, मैं समझ रही थी। पर ये क्या! आज दीपा लाल साड़ी... लाल चूड़ियों से भरी कलाइयों और लाल बड़ी-सी बिंदी लगाकर मेरे सामने है?

"अच्छी लग रही है दीपा... पहली बार तुझे इस रंग में पूर्ण श्रृंगार के साथ देख रही हूं। ईश्वर करे तेरा सौभाग्य सदा बना रहे।" न चाहते हुए भी आंखें भर आई थीं।

"दीदी! मां जी कहती हैं कि बीमार पति के सामने लाल वस्त्र पहनकर जाने से उनकी उम्र बढ़ती है। पड़ोस की सुधा दी कहती हैं कि लाल के सिवा किसी दूसरे रंग की बिंदी सुहागिनों को नहीं लगानी चाहिए और दादी भी तो कहती थीं न..." वो फूट-फूटकर रो पड़ी थी। "ऐसा कुछ नहीं है, सब कुछ मन का भ्रम है दीपा, तेरी जो ईच्छा, वही पहन..." मेरा अंतर्मन एक भयावह सत्य को देखता... संज्ञाशून्य-सा होता जा रहा था।

लाख कोशिशों के बावजूद समीर की हालत में कोई सुधार नहीं हो पा रहा था। दीपा मायूसी के दायरे में कैद होती जा रही थी। एक दिन उसने मुझसे कहा, "दीदी! आज दादी की एक कहानी बहुत याद आ रही है। वही नीलपरी की कहानी, जिसे एक राक्षस ने जादू से एक ऊंचे महल में कैद कर रखा था और उसकी जान एक तोते में डाल दी थी। मुझे लगता है आज मैं वही नीलपरी बन गई हूं, मायूसी और दुख के ऊंचे दायरे में क़ैद नियति के हाथों की कठपुतली, जिसकी जान उसके पति में है, नीलपरी को बचाने सात समंदर और सात पहाड़ लांघकर एक राजकुमार आया था और मेरा राजकुमार तो तिल-तिलकर मृत्यु के मुंह में जा रहा है..."

बिलख-बिलखकर रोती अपनी बहन को सांत्वना देने के लिए मेरे पास शब्द ही कहां थे। पांच महीने का दारुण कष्ट भोगकर समीर इस नश्वर शरीर को त्यागकर चला गया। दीपा की हंसती-खेलती जिंदगी सहसा जड़ होकर ठिठक-सी गई थी।

"मैं जीना नहीं चाहती दीदी!"

"तुझे गुड़िया के लिए जीना होगा दीपा।"

मैं बार-बार समझाती।

समीर के स्थान पर ऑफिस में दीपा नौकरी करने लगी। जीवन के कटु यथार्थों से उसका बार-बार सामना होने लगा। एक अकेली स्त्री मानसिक यंत्रणाओं की जिस सूली पर चढ़ती है, उसका दर्द केवल वो ही समझ सकती है, उसकी वेदना उसके शब्दों में मुखर हो उठती थी, "समीर जब असहाय-सा बिस्तर पर पड़ा था न दीदी, तब भी ऐसा लगता था कि मेरे सिर पर उसका हाथ है, मैं अकेली नहीं हूं, जबकि किसी भी विकट परिस्थिति में वो मेरी रक्षा नहीं कर सकता था, फिर भी बहुत बड़ा संबल था। उसके नहीं रहने पर ऐसा लगता है, जैसे भीड़ से भरी अजीब-सी दुनिया में नितांत एकाकी हो गई हूं। सहकर्मियों की दयामिश्रित अजीब-सी दृष्टि और समाज की छिद्रान्वेषी नजरें मेरी आत्मा को सदा दंश से भरती रहती हैं। मैं क्या कर रही हूं? कहां आती-जाती हूं... मेरे घर पर कौन-कौन आता है? मैं क्या पहनती हूं। हंसती हूं, तो क्यों? समाज की आंखों में कई प्रश्न रहते हैं और मैं निरुत्तर-सी, मूक-बधिर सी... पाषाण प्रतिमा में बदल जाती हूं।"

समय एक ऐसा मरहम है, जो हर घाव को भर देता है। पर कुछ घाव सदा के लिए अपना निशान छोड़ जाते हैं। मन पर एक निशान लिए दीपा भी धीरे-धीरे सामान्य होने लगी। बेटी के साथ एक बार फिर जीवन को मुट्ठी में समेटने का यत्न करने लगी। काले-सफ़ेद रंग के अलावा अन्य हल्के रंगों के कपड़े भी पहनने लगी, पर नीले रंग से जैसे सदा के लिए उसका मोहभंग हो गया था। मेरे बार-बार कहने पर भी उसने नीले रंग का कपड़ा नहीं पहना। पर अपनी आलमारी में सहेजकर रखी गई नीले रंग की चीजों को वो कई बार चुपके से निहारती जरूर थी। एक सुबह दिल्ली से उसका फोन आया कि वो पटना आ रही है और उसके पास मेरे लिए एक सरप्राइज भी है। पति टूर पर गए थे, दोनों बच्चे दिल्ली और कोटा में थे। मैं खुश थी कि मेरा अकेलापन उसके आगमन से मुखर हो उठेगा।

स्टेशन पर खड़ी में दिल्ली पटना राजधानी ट्रेन की प्रतीक्षा कर रही थी। ट्रेन किसी वजह से तीन घंटे लेट थी। बीटू का 6 नं बर्थ... यही बताया था उसने। ट्रेन प्लेटफॉर्म पर रुकी। मैं उसके उतरने की प्रतीक्षा करने लगी। तभी दरवाजे पर उसे देखा और एक सुखद आश्चर्य मेरे सामने था। नीले प्लेन सिल्क का सूट पहने दीपा सामने थी। मेरा मन खिल उठा। मेरी बहन ने फिर से जीवन का स्पंदन अनुभव करने का एक प्रयास किया था।

"तो ये है तेरा सरप्राइज?" मैंने उसे गले से लगा लिया था।

"अभी कहां... अभी तो हम राजगीर चलेंगे। रोप-वे पर चढ़ेंगे। गर्म पानी के कुंड में नहाएंगे। खूब एन्ज्वाय करेंगे हम दोनों बहनें..." वो बेहद खुश थी, मैं भी।

"दीदी! आखिर किस चिंतन में हो?"

दीपा के इस प्रश्न ने फिर से मुझे वर्तमान में लौटा दिया। तैयार होकर मैंने कत्थई साड़ी से मैच करती बिंदी लगाई और अनायास ही एक नीली बिंदी उठाकर दीपा के माथे पर लगा दी। सब कुछ बस एक पल में घट गया।

"दीदी...?"

"बस, कुछ मत सोच... एक बिंदी ही तो है। चल... घूम आएं।"

हम दोनों बहनें घूमकर लौटी, तो रात के नौ बज रहे थे। मेरे पड़ोस की कुछ महिलाएं टहलने बाहर निकली थीं। "अरे! दीपा आई है?" सबने खुश होकर पूछा। मैंने देखा दीपा ने तेजी से माथे की बिंदी उतारकर हथेली में छिपाकर मुट्ठी भींच ली और मुस्कुराकर उनसे बात करने लगी। एक बार फिर सब कुछ एक पल में ही घट गया था।

अगर मैं होती

आज अनुभा बहुत बेचैन थी। बार-बार बजती फोन की घंटियाँ उसके कानों में पिघले शीशे की तरह उतर, उसे और भी व्यथित कर रही थीं। बेचैनी से दोनों हाथों को मलती वो शून्य में न जाने क्या निहारने लगती थी?

मन में एक कसक थी। हृदय बार-बार धिक्कार रहा था, "नहीं... तुम इस सम्मान के योग्य नहीं... तुम तो सजा की हकदार हो। पुरस्कार लेते हुए क्या क्षण भर को तुम्हारे हाथ नहीं काँपे थे...?"

"अनुभा जी! बहुत-बहुत बधाई। मैं "नारी" पत्रिका से बोल रहा हूँ...। अपनी पत्रिका के लिए आप का इन्टरव्यू...।"

"धन्यवाद, पर अभी मैं क्षमा चाहती हूँ।" बीच में ही बात काट कर अनुभा ने फोन रख दिया। सोफे पर निढाल होकर बैठी अनुभा के मन में बवंडर सा चल रहा था। "क्या मैं खुश हूँ?" उसने अपने आप से प्रश्न किया। अन्तर्रात्मा से आवाज आयी, नहीं... खुशी की नन्हीं सी किरण दूर-दूर तक कहीं नहीं दिखती, पर घर के सारे लोग कितने प्रसन्न हैं। सास-ससुर मेरे पति... तीनों बेटे। प्रसन्नता के इस गाढ़े आवरण के पीछे छिपी किसी मासूम की करूण पुकार क्या इन्हें किचिंत भी सुनायी नहीं देती? वही पुकार, जो मैं वर्षों से सुनती आ रही हूँ।

"माँ!... मेरे अस्तित्व को मत नकारो मुझे भी जीने दो... मैं भी तुम्हारे शरीर का एक अंग हूँ माँ तुम्हारे सुखद मातृत्व की अमिट अनुभूति मुझे मत मारो माँ। "उसकी आँखों से अविरल अश्रुधारा बह निकली। मन में अन्तर्द्वन्द निरन्तर चल रहे थे।" क्या अपनी दोनों बेटियों की मौत की जिम्मेदार मैं थी? उनकी माँ...? वो दोनों तो मेरे परिवार के पाषाणी निर्णय का शिकार थी। मेरा ममत्व तो... उस वक्त भी उमड़ा था... पर भारतीय नारी हूँ न अपने मन से अपनी सन्तान को जन्म देने का हक भी तो नहीं मुझे...। उसकी वेदना पूरित निगाहों में जैसे विगत वर्तमान हो उठा था।

कितनी खुश थी वो, जब उसे अनुभव हुआ कि वो माँ बनने वाली है। पहली सन्तान के गर्भस्थ होने का अनुभव, ठीक वैसा ही तो होता है, जैसे जतन से रोपे गये गुलाब के नन्हें से पौधे में पहली कली निकलने से पहले नई-नई कोमल पत्तियाँ प्रस्फुटित हुई देख माली का अन्तर्मन नृत्य कर उठता है। उसके रोम रोम से खुशी जैसे छलकी पड़ती थी।

पर उसे क्या पता था, उसकी खुशी क्षणिक है? शीघ्र ही उसकी पुष्पित आशाओं पर तुषारापात होने जा रहा है। उस वक्त वो सन्न रह गयी, ऐसा लगा अचानक किसी ने पाँवों के नीचे से जमीन ही खींच ली हो, जब राकेश ने उससे कहा, "हमें जाँच करवा कर देख लेना चाहिए कि गर्भस्थ शिशु बेटा है... या बेटी?"

"पर क्यों?" वो हत्प्रभ रह गयी।

"घर में पहले से ही सात बेटियाँ हैं। मेरी दो छोटी बहनें... बड़ी भाभी की दो और मंझली भाभी की तीन बेटियाँ। अब हमें आठवीं बेटी की क्या जरूरत? माँ कहती है, हमें जाँच करवा लेनी चाहिए। बेटा हुआ तो सोने पर सुहागा... और बेटी हुई तो...।"

"तो?" उसने फटी आँखों से पति को देखते हुए पूछा। "तो तुम्हें अबार्शन करवा लेना चाहिए।"

"ये आप क्या कह रहे हैं? बेटा हो या बेटी, ये हमारी प्रथम संतान है... मैं... ऐसा कैसे कर सकती हूँ?" वो रो पड़ी।

पर वही हुआ, जो वो नहीं चाहती थी। गर्भ में पुत्री ही थी, जिसे परिवार की इच्छा रूपी बलिवेदी पर उसने अनिच्छा से कुर्बान कर दिया। ऐसा एक बार नहीं हुआ, इस घटना की पुनर्वृत्ति भी हुई। उसकी दोनों गर्भस्थ संतानें लड़कियाँ ही थी, जिन्हें एक श्वास लेने का अधिकार भी नहीं दिया गया। अनुभा कितनी व्यथित थी, पर उसकी अन्तर्व्यथा समझने वाला कोई नहीं था।

वो सोचती, मेरी सास भी तो एक नारी ही है न... फिर एक नारी होकर दूसरी नारी से जन्म लेने का अधिकार छीनते वक्त उनका हृदय क्यों नहीं पिघला?

दो गर्भपात के बाद जब वरुण उसके गर्भ में आया, तो घर में खुशी की लहर दौड़ गयी। सास उसकी बलैया लेते थकती नहीं थीं। पर अनुभा की खुशियों को तो जैसे ग्रहण लग चुका था। गर्भस्थ शिशु की प्राणवन्त हलचलें जैसे ही मन में उमंगों का सृजन करती तत्क्षण उसके कानों में किसी की तोतली आवाज सरगोशियाँ कर उठती, "माँ...! मुझे क्यों नहीं जन्म लेने दिया? मैं भी जीना चाहती थी माँ।" अनुभा सहम जाती। मन बुरी तरह घबराने लगता और स्नेह से पेट पर फिरता हुआ उसका हाथ अचानक थम जाता। इन्हीं उहापोहों के बीच उसने जब वरुण को जन्म दिया, तो पूरा परिवार हर्षित हो उठा।

प्रथम पोता पाने का सुख सास-ससुर के हृदय में उसके लिए असीम स्नेह का सृजन कर गया। पर अनुभा को उन सबका स्नेह दिखावा ही लगा। मन धिक्कार उठा, "क्या फर्क है, मेरे इस पुत्र और मेरी दो अजन्मी कन्याओं में? मेरी दो सन्तानों की गर्भ में ही हत्या करने वाले, मेरी ही तीसरी सन्तान के जन्म पर खुशियाँ मना रहे हैं? उनके लिए सन्तान का अर्थ "पुत्र" होगा पर मैं तो माँ हूँ मेरी पीड़ा को भला कौन बाँट सकता है...?"

वरुण जब पाँच वर्ष का हुआ, तब तक अनुभा अरुण और विपुल की माँ भी बन चुकी थी। दो बेटों के बाद अनुभा का पति आप्रेशन करवाना चाहता था। पर एक पुत्री की माँ बनने की उसकी अदम्य लालसा ने विपुल को जन्म दे दिया। अनुभा ने कितना हुलस कर नर्स से पूछा था, "बेटी ही है न...?"

"नहीं मैडम, बधाई हो आप को चाँद जैसा बेटा हुआ है।" नर्स ने हँसकर कहा। वो ठगी सी रह गयी थी। नन्हीं सी बेटी को अपने आलिंगन में लेने को आतुर उसके हाथ मानो जड़वत हो गये थे।

"ईश्वरीय विधान भी तो आखिर कोई चीज है न, मैं अपनी बेटियों की हत्या में सहभागिनी थी... मन से न सही, तन से ही सही शायद इसीलिए ईश्वर ने बेटी न देकर मेरे अक्षम्य अपराध का दण्ड मुझे दे दिया है" उसने सोचा।

अनुभा इस बात को क्षण मात्र के लिए भुला न सकी हमेशा हृदय में एक ही इच्छा बलवती हो उठती, काश! मेरी एक बेटी होती।

समय वो पंछी हैं, जो कभी क्लान्त नहीं होता। निरन्तरता ही उस का धर्म है, गति ही उसकी पहचान है। विगत के कुछ वर्षों में अनुभा के जीवन में कई परिवर्तन आए। अपनी कार्यकुशलता और लगन से उसने समाज में एक ऊँचा मुकाम पा लिया था। पति अधिकतर अपने व्यवसाय में व्यस्त रहते। समय काटने के लिए वो समाज सेवा करने लगी थी।

मूक-बधिर और निराश्रित बच्चों की मदद के लिए उसने एक संस्था खोली थी। उसकी दिन-रात की मेहनत रंग लायी और सरकार का ध्यान इस संस्था की ओर आकृष्ट हुआ। सरकारी अनुदान की मदद से उसकी संस्था अच्छी तरह चल निकली।

अनुभा एक सहृदय सामाजिक होने के साथ-साथ एक अच्छी लेखिका भी थी। मन की पीड़ाओं और जीवन की विसंगतियों को कोरे कागज पर उतार, मन की श्रांत-क्लांत भावनाओं को शब्दों का बाना पहनाना उसे बखूबी आता था। वो दिन-रात काम में लगी रहती। जब कभी थक कर घर लौटती, तो एक कप चाय के लिए भी खुद रसोई में जाना पड़ता। सास जात-पात मानने वाली महिला थी, इसलिए नौकर रखना मुनासिब नहीं था। दोनो जेठानियाँ कब का अलग घर बसा चुकी थीं। घर-बाहर का काम करते-करते, कभी-कभी अनुभा खिन्न हो जाती। थक कर आँखें मूँद जैसे ही पलंग पर लेटती, कानों में अस्फुट से कुछ शब्द सुनाई देने लगते।

"माँ! अगर मैं होती... तो क्या तुम इतनी एकाकी होती...?" वो घबराकर आँखें खोल इधर उधर देखने लगती। हृदय की धड़कन बेतरह बढ़ जाती और अधरों पर एक ही शब्द आकर ठहर जाता, काश...!

अनुभा को पिछले दशहरे की शाम अब तक याद है, जब वो सीढ़ियों से फिसल कर आँगन में गिर पड़ी थी, पैर की हड्डी टूटने के कारण डेढ़ महीने के लिए प्लास्टर चढ़ा दिया गया था। ये डेढ़ महीने उसने दस वर्षों की तरह बिताए थे। घर में महिला के नाम पर केवल बूढ़ी सास थी। एक तो बुढ़ापा, ऊपर से गठिया की रोगिणी। बिस्तर पर पड़ी बहू की तीमारदारी करने में वो स्वयं को असमर्थ पाती, तो दस बातें सुना डालती बहू को।

"हे ईश्वर! ये बुढ़ापे में किस बात का दण्ड दे रहे हो? इसके बेटों को घड़ी भर की फुर्सत नहीं, माँ के लिए और मेरा बेटा...? वो तो मेरे मत्थे सबकुछ मढ़कर निश्चिन्त है...। मेरे कष्ट की किसी को चिन्ता ही नहीं। खाना दो... नाश्ता दो दूध दो... पानी तो घड़ी-घड़ी में पीती है...। पता नहीं इतनी प्यास क्यों लगती है इसे...?"

अनुभा उनका प्रलाप सुन-सुनकर जीवन से विरक्त सी हो गयी थी। दोनों बड़े बेटे कालेज में पढ़ते थे और छोटा बेटा हाई स्कूल में। पति का विशाल व्यवसाय था।

किसी के पास अनुभा के निकट बैठने का समय नहीं था। क्षण भर के लिए आते और हाल-चाल पूछ ढेर सारी नसीहतें देकर चले जाते। बिस्तर पर लेटी, पराश्रित अनुभा के कानों में इधर कुछ ज्यादा ही सरगोशियाँ सुनाई देने लगी थी। जब भी वो अकेली होती और तन्द्रा की अवस्था में होती, कोई पुकार उठता,

"माँ...! तुम कितनी तकलीफ में हो, ये किसी को नहीं दिखता... बूढ़ी दादी तुम्हें एक गिलास पानी देने में भी कितने बोल सुनाती है। वरुण, अरुण और विपुल को तो तुम्हारे पास बैठने की भी फुर्सत नहीं। माँ, क्या तुम्हें नहीं लगता अगर मैं होती तो...तुम्हें किसी बात की तकलीफ ही नहीं होती? मैं तुम्हारी हर जरूरत पर तुम्हारे सामने हाथ बांधे खड़ी होती...? अगर तुमने थोड़ी सी हिम्मत दिखाई होती तो... आज तुम्हारी ये दशा नहीं होती माँ...।"

अनुभा की तन्द्रा टूटती तो सारा शरीर पसीने से भीग चुका होता। वो चीख-चीख कर कहना चाहती, मैंने तुम्हें बचाने के लिए बहुत जतन किये बेटी पर मैं हर राह पर हर बात पर छली गयी। मैंने... तुम्हारी दादी और पिता की बात एक बार में ही नहीं मान ली थी। मैं सहारे के लिए तुम्हारी नानी के घर भी गयी थी। पर वहाँ भी मुझे यही उपदेश मिला, कि मेरी ससुराल ही अब मेरा घर है। वे जो कहें मुझे मान लेना चाहिए। मैंने बहुत वेदना सहकर लगातार प्रयास किया, पर मैं हार गयी। वो फूट-फूट कर रो पड़ती। मन इस सत्य को स्वीकार कर उठता, यदि उसकी एक बेटी होती, तो उसकी ये दुर्दशा तो न होती। बिस्तर पर ही नित्य क्रिया से निवृत होना,

कपड़े बदलना, बैठना उठना सब कुछ करवाने के लिए नर्स है, पर उसमें वह आत्मीयता कहाँ? वो तो अपनी ड्यूटी निभाती है। अनुभा के व्यथित हृदय में बार-बार एक ही शब्द अंकुरित होता, काश...!

ये सर्वथा सत्य है कि बेटा और बेटी माँ के शरीर का एक समान अंग है। एक ही प्रसव पीड़ा झेलकर माँ दोनों को जीवन देती है। फिर भी बेटी का जो आत्मिक लगाव माता-पिता से होता है, वो बेटे का हो ही नहीं सकता। "श्रवणकुमार" तो कथाओं में ही सुने जाते हैं, प्रत्यक्ष तो कभी नहीं दिखते, अनुभा सोचती। वो जब किसी शारीरिक कष्ट में होती या किसी उधेड़बुन में होती और उसे अपनी व्यथा बाँटने वाले किसी व्यक्ति की नितांत आवश्यकता होती, तो उसके होठों पर एक ही शब्द आता, काश...।

वो जब भी अपनी सहेली प्रीति के घर जाती, मन में एक खालीपन लिए लौटती। दोनों बेटियों का अपनी माँ के प्रति लगाव देखकर उसे अपने जीवन की एक बड़ी रिक्ति का सहज ही अहसास हो जाता और लगता, जैसे किसी ने उसके हृदय को मुट्ठी में लेकर भींच डाला हो। क्लांत मन एक ही शब्द को देहरा उठता, काश!

अनुभा ने अपने आप को पूर्णतः समाजसेवा और लेखन में समर्पित कर दिया था। महिला सशक्तिकरण वर्ष पर उसकी संस्था को राज्य सरकार की ओर से पुरस्कृत भी किया गया था, पर वो ज्यादा चर्चित हुई अपने कविता संग्रह "अजन्मी" से। अनुभा के इस काव्य संग्रह को वर्ष के सर्वश्रेष्ठ संग्रह का पुरस्कार मिला। जिसने भी सुना, मुक्तकंठ से उसकी प्रशंसा की। खचाखच भरे टाउन हॉल में जब मुख्य अतिथि के मनुहार पर उसने अपनी सबसे चर्चित कविता "मुझे मत रोका" सुनानी शुरू की तो हॉल में गहन सन्नाटा पसर गया। उपस्थित जन समुदाय की आँखों में वेदना की नमी स्पष्ट दिखाई दे रही थी। सजल नेत्रों से जन समुदाय को निहारती अनुभा ने कविता की पंक्तियाँ दोहराई,

मुझे मत रोको, मुझे भी रू-ब-रू होने दो इस दुनियाँ से
मुझ में भी होने दो प्राण का संचार
मुझे भी लेने दो अपना आकार...।

पूरा हाल तालियों की गड़गड़ाहट से गूंज उठा। मुख्य अतिथि ने अनुभा को आदर के साथ शाल ओढ़ाया और प्रशस्ति पत्र एवं पदक देकर सम्मानित किया। उसकी प्रशंसा करते हुए मुख्य अतिथि ने कहा, "अनुभा जी ने बेसहारा बच्चों... विशेषकर अनाथ लड़कियों की मदद करके समाज का मान तो बढ़ाया ही है... इनके कविता संग्रह की भी जितनी प्रशंसा की जाए कम है। इनकी कविताएँ अजन्मी कन्याओं की मूक वेदना का सवाक चित्रण है। मैं आशा करता हूँ... इससे प्रेरणा ग्रहण कर समाज... कन्या भ्रूण की हत्या जैसे जघन्य कृत्य से विरत होगा...।"

अनुभा आगे न सुन सकी। अवचेतन मन में फिर वही आवाज गूंजने लगी। पर इस बार आवाज में व्यंग्य मिश्रित हँसी भी शामिल थी, "माँ तुमने तो कमाल कर दिया... शायद इसे ही चिराग तले अंधेरा कहते हैं... क्यों?"

वह चुपचाप सिर झुकाए बैठी रही। घर लौटी तो बहुत से लोग वहाँ जमा थे। पति, सास-ससुर और तीनों बेटों के चेहरे गर्व से दमक रहे थे। सबकी बधाई का जवाब अनुभा ने किसी तरह मुस्कुरा कर दिया और थकान का बहाना बनाकर अपने कमरे में चली आयी। आइने के सामने बैठ कर अपना अक्स निहारने लगी, तो लगा उसका अक्स पूछ रहा हो,

"क्यों अनुभा... कैसा लग रहा है? स्वयं कन्या भ्रूण की हत्या के समय ये भावना कहाँ मर गयी थी?"

वो दोनों हाथों से आँखें बंदकर पलंग पर लेट गयी। उससे रात का खाना भी नहीं खाया गया। किसी तरह रात गुजरी। सब प्रसन्न थे पर अनुभा मौन थी। किसी को उसके अन्तर्मन में चल रही आँधियों का तनिक भी आभास नहीं था। सुबह से बार-बार आ रहे बधाई सन्देश उसे तीर की तरह चुभ रहे थे। सोचते सोचते सोफे पर अधलेटी अनुभा की आँख लगी ही थी कि कानों में पुनः वही आवाज गूंज उठी, "माँ, सच कहना क्या तुम इस सम्मान के योग्य हो? तुमने मुझे क्यों रोका क्यों नहीं मुझे और मेरी बहन को दुनियाँ का सुख भोगने दिया...? हममें प्राण का संचार क्यों नहीं होने दिया...? हमें क्यों गुलाब की तरह खिलने नहीं दिया? हमें क्यों निर्बाध गति से बहने नहीं दिया? बोलो माँ... बोलो...?"

अनुभा ने घबराकर आँखें खोली। दिल जोर-जोर से धड़क रहा था। उसने दोनों कान हाथों से ढक लिये। पर आवाजें उत्तरोत्तर बढ़ती ही गयी। अन्ततः उसने प्रशस्ति पत्र फाड़कर टुकड़े-टुकड़े कर दिए और सामने टेबुल पर रखा प्रशस्ति पदक उठाकर आइने पर दे मारा। आइना टूट कर बिखर गया। उसे लगा काँच के टुकड़ों में छिन्न भिन्न होकर दिखता उसका चेहरा मानो उसका उपहास कर रहा हो। वह दोनों हाथों से मुँह छिपाकर फूट-फूट कर रो पड़ी। आँसू के हर कतरे से एक ही भावना पिघलकर बह रही थी, काश...! ये सच है कि इन्सान जाने-अनजाने में की गयी भूल को कभी भूल ही नहीं सकता। प्रायश्चित के आँसू भी उसकी हृदयगत वेदना का प्रक्षालन नहीं कर सकते। उस वक्त केवल एक ही शब्द उसका आत्मिक सहारा होता है, काश!

कुछ देर रो लेने के बाद अनुभा का मन कुछ हल्का हुआ तो वो अपनी बीमार सास के कमरे में चली आयी। उसे देखकर उसकी सास के चेहरे पर एक मुस्कान खिल उठी।

"मैं बहुत खुश हूँ बहू, तूने तो पूरे खानदान का नाम रोशन कर दिया है।" मन में जब किसी बात पर क्षोभ होता है तो इन्सान इस क्षोभ के लिए जिम्मेदार व्यक्ति के सामने अपनी भड़ास निकाल कर ही चैन पाता है। आज अनुभा भी चुप नहीं रह सकी। उसने गहरी नजरों से अपनी सास की ओर देखकर पूछा,।

"माँ जी, एक बात सच-सच बताइये, क्या उम्र के इस अन्तिम पड़ाव में भी आपको नहीं लगता कि अपनी दो पोतियों को जन्म न लेने देने का आपका फैसला गलत था?" उसकी सास बुरी तरह चौंक पड़ी, आँखों में एक साथ कई भाव कौंध कर विलुप्त हो गये। कुछ ही पलों में निर्विकार दृष्टि से बहू को देखते हुए उन्होंने कहा, "क्यों, क्या वे जीवन भर तुम्हारे साथ रहतीं? होतीं भी तो ससुराल में बस चुकी होतीं। तुम्हें कौन सा सुख मिलता, जो अब तक इस छोटी सी बात को दिल से लगाए बैठी हो?" छोटी सी बात? अनुभा सन्न रह गयी।

उसने कुछ भी कहना मुनासिब नहीं समझा। वैसे भी जब गलत धारणा मन में बैठी हो, तो कोई तर्क सिद्ध नहीं हो पाता। अनुभा ने सोचा, "गलती सिर्फ मेरी है, माँ का हौसला,

उसकी सकारात्मक सोच ही एक अजन्मी को जन्म लेने का उपहार दे सकती है। मैंने अगर "विरोध" की जगह "विद्रोह" किया होता, तो आज मेरी बेटियाँ मेरी आँखों के सामने होतीं।" ये निर्विवाद सत्य है कि अगर एक माँ विद्रोह पर उतर आए तो कन्या भ्रूण की हत्या नहीं हो सकती, क्योंकि जाने-अनजाने किसी भी परिस्थिति में गर्भस्थ पुत्री की हत्या के बाद कोई भी माँ अपनी अन्तर्रात्मा से आती इस पुकार से नहीं बच सकती माँ...! अगर मैं होती तो...।

नई भोर की प्रतीक्षा

उसकी दशा मुझसे देखी नहीं जा रही है। उसकी बेचैनी, उसका अन्तर्द्वन्द... महसूस कर मैं भी हत्प्रभ हूँ...। वो, जो हाड़-मांस की बनी जीती जागती स्त्री है, कोई कठपुतली नहीं, जिसे जो जब चाहे, जैसे चाहे नचा ले। फिर भी वो नाचती रही है।

यो यानी शान्ति जिसके वेदनामंडित मुखड़े पर सुख-शान्ति की झीनी सी आभा पल भर के लिये भी नहीं कौंधती दिखती है। अगर ये कहा जाए कि शान्ति ने जीते-जी एक नरक भोगा है तो अतिश्योक्ति नहीं होगी। "नरक" इस शब्द को सुनने के साथ ही मन में एक ऐसे स्थान का चित्र उभरता है, जहाँ भांति-भांति के कष्ट और अपार दुःखों का वास होता है और इसे सहन करना इन्सान की नियति... ऐसा शान्ति ने भी सुना था पर नरक का अस्तित्व इस धरती पर भी है इसका आभास उसे तब हुआ जब सतरंगी सपने देखने की उम्र में वो गाढ़े घटाटोप अन्धकार में जबरन धकेल दी गई... अतिविश्वास जब भग्न होता है तो परिणाम कितना भयंकर हो सकता है शान्ति इसकी जीती जागती मिसाल है।

क्या दोष था उसका? केवल इतना ही न कि उसने अपने पिता की उम्र के पड़ोसी पर विश्वास किया... उसी पर जिसे काका कहते उसकी जीभ अघाती नहीं थी... भग्न मन... खण्डित विश्वास... अपार पीड़ा लिये वो आँगन में गुमसुम सी बैठी है... में देख रहा हूँ...।

"यहाँ बैठी क्या कर रही है, जल्दी से आँगन बुहार दे, किस सोच में डूबी है... अब सोचने को क्या धरा है कर्मजली?" शान्ति की माँ का कटु कर्कश स्वर आँगन के खालीपन को भर गया था शान्ति का कलेजा बुरी तरह धड़क रहा था। धड़कनों की धमक कनपट्टियों पर सुनाई दे रही थी। न जाने कल सुबह क्या होगा?

"अरी, फिर किस सोच में पड़ गयी? अपनी बुद्धि मत लगा, जो कुछ तेरे बाबा ने समझाया है, बस यही कहना पंचायत के सामने और सुन तेरा भाई बता रहा था, नया दरोगा बड़ा काईयां है... बाल की खाल निकालने में माहिर... जरा

संभलकर बोलना। ये हरिश्चन्द्र का युग नहीं है... जो हुआ उस पर पर्दा डालना ही हम सब के लिए ठीक होगा। आखिर तुझे ससुराल में ही जीवन निबाहना है न...।"

माँ अनवरत प्रलाप किये जा रही थी और शान्ति का दिमाग सुन्न होता जा रहा था। जो कुछ हुआ है, क्या उस पर पर्दा डालने से सब कुछ ठीक हो जाएगा? आँगन बुहारते हुए उसे लगा... काश वो पिछले दिनों घटी घटनाओं को भी किसी तरह मन मस्तिष्क से बुहारकर दूर फेंक पाती। दुःख आघात पीड़ा कष्ट ये अनुभूतियाँ न तो कागज के टुकड़े हैं, न बेकार पड़े कूड़े के ढेर... जिन्हें सहज ही बुहार दिया जाय। ये तो जमीन से गहरे तक जुड़ी उन वृक्षों की जड़ों की तरह होती हैं, जिन्हें बड़ी से बड़ी धारदार कुल्हाड़ी न तो समूल नष्ट कर सकती है... और न भीषण बवंडर ही उड़ाकर ले जा सकता है।

उसके जीवन में विगत के मात्र तीन वर्षों में घटनाक्रम इतनी तेजी से बदला है... विद्रूप हुआ है कि तेईस वर्ष की उम्र में ही वो इस धोखे से भरी, पाखंडी आडम्बरयुक्त दुनियों का पोर-पोर जान चुकी है।

विवाह का सुख साल भर भी सहेज नहीं पायी थी वो कि अचानक एक दिन कमला नदी पर बने जर्जर बांस पुल के टूटने की खबर गाँव में आग की तरह फैली। साथ ही ये खबर भी... की जब यो पुल टूटकर अथाह जलराशि में समाया उस क्षण उस पर बीसियों लोगों के साथ उसका पति मदन भी था। उसी पल से उसके सारे सुख भी मानो कमला ने ही लील लिये थे। किसी तरह सास-जेठानी की प्रताड़नाएँ सहती वो ससुराल में दिन काट रही थी कि अचानक...।

हाँ, सब कुल अचानक ही तो घटा था। शान्ति का मायका और ससुराल आस-पास के ही गाँवों में था। महज एक कोस की दूरी थी बीच में। पति की मौत के बाद ससुराल और मायके के बीच गेंद की तरह लुढ़कते रहना उसकी नियति बन गयी थी। उस शाम वो मायके में ही थी जब पड़ोस के मुनिकाका ने एक प्रस्ताव रखा था...।

"जल्द ही पंचायत चुनाव होने जा रहे हैं और शान्ति की ससुराल हरिगामा के मुखिया का पद महिला आरक्षित होने जा रहा है। अगर शान्ति मुखिया पद के लिये चुनाव लड़े तो...?"

"ये तुम क्या कह रहे हो भैया...? होश में तो हो?" शान्ति की माँ का मुँह आश्चर्य से खुला रह गया था।

"होश की दवा तुम करो भौजी सोचो अगर कल को ये मुखिया बन जाती है, तो सारे ससुराल वाले इसके सामने हाथ बाँधे खड़े रहेंगे। आज सबके ताने सुनती है... कल सब इसके सामने बोलना भूल जाएंगे...।"

मुनिलाल ने समझाया तो शान्ति के पिता ने पूछा, "चुनाव लड़ने में तो बहुत खर्चा होता है... क्या हम खर्चा जुटा सकेंगे? ऊपर से ये लड़की जात...?"

"अरे भाई! सरकार मूर्ख है क्या, जो महिलाओं को आरक्षण देकर आगे बढ़ाना चाहती है। और मैं हूँ न...तू मेरे बचपन का दोस्त है... मैं क्या शान्ति के लिये गलत सोचूँगा?" दरवाजे पर खड़ी शान्ति के मन में भी हलचल सी होने लगी। क्या सचमुच ऐसा हो सकता है? आँख में एक सपना पल में कौंधकर बुझ गया था। न जाने ससुराल वाले क्या कहेंगे?

ससुरालवालों ने शान्ति के इस कदम का जमकर विरोध किया था, पर मुनिलाल के समझाने पर चुप रह गये थे। स्त्री को हमेशा दबी सहमी देखने का आदी समाज भी अचानक होते ऐसे क्रान्तिकारी परिवर्तन से बौखला उठा था। सबसे भारी बैचेनी निवर्तमान मुखिया के हृदय को मथ रही थी। बीस वर्षों से गाँव पर जमा एकछत्र राज... अचानक फिसल कर एक स्त्री के हाथ में चला जाएगा? ये सोच उसे आरी की तरह काटे डाल रही थी। "अगला कदम क्या होगा मुखिया जी?" एक मुँह लगे ने पूछा

"हूँ! सोच रहा हूँ तेरी "भौजी" को चुनाव में उतार हूँ।"

"बिलकुल सही सोच है मुखिया जी... घर की बात पर ही में रह जाएगी।"

"कितनी महिलाएँ खड़ी होगी कुछ अनुमान है?"

"हाँ... पता चला है छ-सात हैं। परसों नामांकन होगा ही... जान लीजियेगा। "उसने जवाब दिया तो मुखिया ठण्डी साँस भरकर चुप हो गया था।"

हरिगामा में मुखिया की पत्नी को मिलाकर अन्य सात महिलाओं ने पर्चा भरा था। पहली बार शान्ति को अपने साक्षर

होने पर गुमान हुआ था जब उसने पर्चे पर दस्तखत किये थे। अन्य सभी अंगूठाटेक जो थीं। उधर मुखिया एक नये खेल पर उतारू था। साम-दाम-दंड-भेद चाहे जिस नीति का आश्रय लेना पड़े... वो लेगा। अन्य सभी दावेदार महिलाओं को लोभ लालच देकर, समझा-बुझाकर या अंत में डरा धमका कर... नाम वापस लेने पर मजबूर कर देगा। एक शाम मुखिया दल-बल के साथ शान्ति की ससुराल पहुँचा।

"तो क्या सोचा है शान्ति ने? चुनाव लड़ना... जीतना इतना आसान नहीं है। बहुत पैंतरे खेलने पड़ते हैं। और वो ठहरी औरतजात... ऊपर से मर्द का साया नहीं। उसे इस फंदे में पाँव नहीं डालना चाहिए। पूरे बीस हजार रूपये दे रहा हूँ... कम है तो बता दो...। परसों नाम वापस लेने की आखिरी तारीख है... क्या सोचा है तुम लोगो ने?"

"ठीक है मुखिया जी... आप जैसा कहते हैं ये वैसा ही करेगी।" शान्ति के ससुर ने मुखिया के पीछे खड़े लठैतों को भयातुर दृष्टि से देखते हुए कहा।

"नहीं... में किसी भी हालत में नाम वापस नहीं लूँगी। मुनि काका कहते हैं सरकार ने औरतों को एक मौका दिया है, और हमें इसका फायदा उठाकर अपने पाँव पर खड़े होने की कोशिश करनी चाहिए।" शान्ति की बात सुनकर उसकी सास भड़क उठी, "अरी कमबख्त! क्यों घर आयी लक्ष्मी को ठोकर मार रही है? सत्यानाश हो उस मुनिलाल का जो इसको भड़का रहा है। न जाने कौन सा सगा है इसका।"

"सगा? अरे वही तो इसका सब कुछ है। न जाने उसके साथ क्या-क्या गुल खिलाती हागी। जब देखा पीछे ही लगी रहती है...।"

जेठ की इस बात से शान्ति का अन्तर्मन छलनी हो गया। आँखें भर आयी... न जाने लोग स्त्री और पुरुष के रिश्ते को एक ही दृष्टि से क्यों परखते हैं? जब स्त्री पर वश नहीं चलता, तो बदचलनी का आरोप मढ़कर अपना कलेजा ठण्डा करने की कोशिश में जुट जाते हैं।

शान्ति के मायके वालों ने भी नाम वापस लेने की ही सलाह दी थी। "बेटी पानी में रहकर मगर से बैर ठीक नहीं है।" पिता ने भी समझाया था। पर शान्ति को मुनि काका की

ही उक्ति सही जान पड़ी थी... "अगर बगल में गंगा बह रही हो तो डुबकी लगा ही लेनी चाहिए।" और उसने डुबकी ला ही ली थी।

शान्ति चुनाव में खड़ी हो गयी... दबंग निवर्तमान मुखिया की अनपढ़ और आँख-कान, मुँह होते हुए भी अंधी और मूक-बधिर बनने को विवश पत्नी के विरूद्ध।

उसी शाम कुछ लोग उसके घर आकर "देख लेने" की धमकी देकर चले गये। पर शान्ति निश्चित थी... उसके मुनि काका और गाँव-ज्वार के लोग उसके साथ हैं... हाँ, वो इस नये परिवर्तन की साक्षी बनेगी।

उसका चुनाव प्रचार तेजी पर था और मुखिया का क्रोध पराकाष्ठा पर। जब क्रोध अपनी सीमाएं तोड़ डालने पर उतारू हो जाता है, तब एक नन्हीं सी चिनगारी से भड़के दावानल का कारण बन जाता है। ऐसी ही एक चिनगारी मुखिया ने मन में भी भड़क उठी थी...। अगर शान्ति नाम वापस ले लेती, तो उसकी पत्नी निर्विरोध चुन ली जाती... और सत्ता एक बार फिर उसकी मुट्ठी में...। उफ! उस अदना सी औरत की इतनी हिम्मत? जिसके पुरखे, परिजन हाथ बाँधे सर झुकाए सामने खड़े रहते थे... कल क्या उसके आगे सर झुकाना होगा?

मुखिया की बेचैनी हताशा का और हताशा क्रोध का रूप धरती जा रही थी। हाँ, अब भेद नीति का आश्रय लेना ही होगा... अगर साँप भी मर जाय और लाठी भी न टूटे तो...? वैसे भी अगर सीधी अंगुली से घी न निकले तो अंगुली टेढ़ी कर लेने में ही भलाई है... मुखिया के चेहरे पर सोच की गहरी परछाईयाँ थीं। और अंगुली टेढ़ी कर ली गई।

वोटिंग में मात्र दस दिन शेष थे शान्ति को अपनी जीत मात्र ग्यारहवें कदम पर लगने लगी थी कि अचानक...।

रात दस बजे तक भी प्रचार के लिये गयी शान्ति घर नहीं लौटी तो घरवालों का कलेजा मुँह को आने लगा। मुनिलाल का भी कहीं अता-पता नहीं था।

दूसरी सुबह सूर्य की किरणों ने जैसे ही धरती का स्पर्श किया, गाँव में एक खबर आग की तरह फैली... हाथठीहवा नाले के पास शान्ति बेहोश पड़ी है...।

क्या हुआ? कैसे हुआ? और क्यों हुआ? जैसे कुछ प्रश्न गाँव की हवा में तैरने लगे। जितने मुँह उतनी बातें थी और जब शान्ति को होश आया... तो जैसे परिवार में भूचाल आ गया।

"इस पाप कथा को मन में ही समेट ले बेटी... अरे औरत जात की इज्जत तो अंगुली छूते ही जाती रहती है... सत्यानाश जाय नासपीटे मुनिलाल का रूपये के लोभ में वर्षों का रिश्ता दाँव पर चढ़ा दिया। मैं पहले ही कहती थी, ये चुनाव-वुनाव हम जैसे लोगों के लिये नहीं है...ऊपर से मुखिया के लठैत तेरे भाईयों को धमका गये हैं... अगर सच्चाई उजाकर हुई तो... वो मार डालेगा, हम सब को मार डालेगा।" शान्ति की माँ का अर्तनाद रात्रि के नीरव सन्नाटे को तोड़ रहा था। "बस चुप करो... कोई सुन लेगा।" शान्ति के पिता ने पत्नी को चेताया था।

दूसरे दिन पंचायत से परवाना आया था कि पंचायत जानना चाहती है आखिर शान्ति की ऐसी दशा कैसे हुई? किसने की? दोषियों को आवश्य दंडित किया जाएगा। शान्ति डरे नहीं सब कुछ साफ-साफ बता दे...। तीन दिन बाद पंचायत बैठेगी।

कल पंचायत के सामने जवाब देना है शान्ति को... रात के निपट सन्नाटे में अपनी चारपाई पर लेटी वो बेचैनी से करवट बदल रही है... मैं देख रहा हूँ...।

शान्ति की आँखें पहाड़ी झरने का पर्याय बनी हुई थी आँखों में कौंध रहा था मुनिलाल का विभत्स चेहरा... जो उसने पहले नहीं देखा था...। वो विद्रूप हँसी जो कभी नहीं सुनी थी...। और वो शब्द जिनके बारे में उसने सपने में भी नहीं सोचा था...। "लीजिये मुखिया जी, आपका मुजरिम हाजिर है... लाइये मेरे पूरे पचास हजार रूपये। बहती गंगा में डुबकी न लगाने वाला मूर्ख होता है... मैं इतना मूर्ख नहीं।" मुनिलाल की बातें सुनकर वो हतप्रभ रह गयी थी... आश्चर्य से जड़ तो उसी क्षण हो गयी थी, जब वो धोखे से उसे मुखिया के उस पुराने घर में ले आया था, जो गाँव के अंतिम छोर पर घने जंगलों के समीप था।

"आपने रूपयों के लिये मेरे साथ दगा की...?" वो रो पड़ी थी। मन अनिष्ट की आशंका से पीपल के पत्ते की तरह कॉप रहा था। आज उसके दोनों भाई भी तो उसके साथ

नहीं... मुनिलाल ने उन्हें दूसरे कामों में लगा दिया था... अब वो क्या करेगी?

"मैं... गाँव वालों को सब कुछ बता दूँगी...।" सहसा वो चीख पड़ी थी। तभी उसके मुँह पर एक जोरदार थप्पड़ पड़ा और... और... उसकी चेतना डूबती चली गयी जब होश आया तो स्वयं को घर पर पाया था। रात बीतती जा रही थी... शान्ति की आँखों में नींद नहीं कई प्रश्न थे।

"क्या करे वो?"

"कैसे अपनी व्यथा को सार्वजनिक करे?"

"अगर झूठ कहती है तो भीतर का दर्द जीने नहीं देगा...।"

और सच कैसे कहे? माँ कहती है अंगुली का चाम (त्वचा) छूने से भी स्त्री की इज्जत जाती रहती है... कैसे कहे वो... उसके साथ तो चामचोरी हुई है...!

उसके पिता ने समझाया है... अनजान लोगों पर सारा दोष डाल देना... कहना... कुछ अनजान लोग मुझे मारना चाहते थे... पर क्या वो उन चेहरों को मरते दम तक भूल सकती है?

उफ! क्या करूँ? वो खाट पर से उठकर बैठ गयी। कोई भी अत्याचार सहन करना नहीं चाहता। उसके खिलाफ आवाज उठाना चाहता है... पर मजबूरी का हल आखिर क्या है? वो धीरे से आँगन में निकल आयी... फिर बाहर के दरवाजे की सांखल खोल बाहर की तरफ निकल गयी।

कहाँ जा रही है शान्ति? मैं भी पीछे-पीछे चल पड़ा। शान्ति कमला नदी की तरफ क्यों बढ़ रही है? कहीं...? रुको...! ठहरो शान्ति सुबह जरूर होगी... अन्धकार से मत डरो... रुको! छपाक! एक तेज ध्वनि हुई और शान्ति ने कमला की शरण ले ली।

मैं मूक खड़ा हूँ।

मन में कई प्रश्न हैं।

क्या करें शान्ति जैसी स्त्रियाँ?

ऐसी परिस्थिति में एक स्त्री की सुरक्षा की क्या व्यवस्था है?

अत्याचार और व्यभिचार के खिलाफ आवाज उठाने में लाचार लोग क्या इसी तरह डूबते रहेंगे?

जब सर्वत्र मौन का साम्राज्य हो तो कई प्रश्न अनुत्तरित रह जाते हैं। पर रात अब बस ढलने ही वाली है... मैं भी एक स्वर्णिम प्रभात की प्रतीक्षा कर रहा हूँ...। मैं जो कहीं भी क्षण भर को ठहरता नहीं, पर पल पल का साक्षी हूँ... और परिवर्तन का वाहक भी...। मैं समय हूँ... एक नयी भोर की प्रतीक्षा में निरन्तर गतिमान।

आज की लड़की

टयूशन से लौटकर मीनाक्षी ने सायकिल बरामदे में रखी और चुपचाप अपने कमरे में चली आयी। रोज की तरह उसने न तो डाइनिंग रूप में टंगे मिट्ठू को दुलराया और न ही माँ से नाश्ते की फरमाइंश ही की। कमरे में आकर उसने किताबें टेबल पर पटक दीं और आइने के सामने खड़ी होकर स्वयं को निहारने लगी। नहीं, उसमें तो कोई परिवर्तन नहीं है... वो तो वही पुरानी मीनाक्षी है... सब की लाडली मीनू है...! फिर उसे आज ये अहसास क्यों हो रहा है, कि मीनाक्षी न जाने कहाँ खो गयी है...? हँसती खिलखिलाती, जीवन की उमंगों से भरपूर, बचपन की दहलीज़ लाँघकर यौवन की मदिर स्वप्नशील दुनियाँ में पग रखती, बालसुलभ स्वभाव को अंक में समेटने का अब भी प्रयास करती, गुड़िया सी लड़की सहसा औरत होने के अहसास से ठगी सी क्यों खड़ी है...? नहीं, खड़ी कर दी गयी है। "मीनू! क्या हुआ बेटी, आज न नाश्ते की फरमाईश... न हँसी ठहाका... तबियत तो ठीक है न?"

माँ ने नाश्ता की ट्रे टेबल पर रखते हुए पूछा, तो नम आँखें छिपाती मीनाक्षी तुरन्त तौलियां लेकर बाथरूम में चली गयी। दरवाजा बंद करती हुई बोली,

"कुछ नहीं माँ, जरा सर भारी लग रहा था, आप नाश्ता रख दीजिये, मैं फ्रेश होकर खा लूँगी।"

नाश्ते करके मीनाक्षी स्टडी टेबल पर बैठी तो मन में बवंडर सा चलने लगा। सामने खुली किताब के अक्षर धुंधलाने लगे आँखों में फिर से आज का दृश्य झिलमिलाने लगा। अप्रत्याशित रूप से जब कोई सत्य अजीब स्वरूप में सामने आ जाता है तो इन्सान किंकर्त्तव्यविमूढ़ सा... हत्प्रभ सा... जड़वत खड़ा रह जाता है। मीनाक्षी भी इसी दशा में मूर्तिवत खड़ी रह गयी थी, जब उसने सुना था।

"आज तो तुम गजब ढा रही हो मीनू... कहना तो बहुत दिनों से चाह रहा था, पर आज तुम्हारे सौन्दर्य के आगे चुप नहीं रह पाया। मैं... तुमसे... प्यार करने लगा हूँ... तुम... तुम समझ रही हो न, मैं क्या कहना चाह रहा हूँ?"

मीनाक्षी स्तब्ध, मूक-वधिर सी खड़ी थी। सारा शरीर पसीने से भीग उठा था। पाँव थरथराने लगे थे, मात्र अठारह वर्ष की ही तो थी वो। इन्टर पास करके स्वर्णिम भविष्य का स्वप्न संजोये स्नातक करने के साथ-साथ प्रशासनिक अधिकारी बनने की चाह लिये उसने एक कोचिंग इंस्टीटयूट में दाखिला लिया था। शहर के इस नामचीन इंस्टीट्यूट के डायरेक्टर थे डॉ. प्रकाश कुमार। डॉ. कुमार सुन्दर आकर्षक व्यक्तित्व के साथ-साथ विद्वता में भी अपना लोहा मनवा चुके थे। सौम्य व्यक्तित्व के धनी डॉ. कुमार चालीस वर्ष की उम्र पार कर चुके थे और अब तक अविवाहित थे। यूं तो शहर भर में उसके रसिकमिजाज और सौन्दर्यप्रिय होने के चर्चे आम थे। कई युवतियों के साथ नाम जुड़ा था, पर हर बार डॉ. प्रकाश ने शालीनता और रहस्यमयी मोहक मुस्कान के साथ सभी बातों को अफवाह करार दिया था। उनका तर्क अकाट्य था... "सफल व्यक्ति के पीछे अफवाहों का जमघट होता ही है।" डॉ. कुमार राजनीतिशास्त्र के विद्वान कहे जाते थे। राजनीतिशास्त्र की छात्रा मीनाक्षी के लिये तो वो आदर्श थे।

"माँ, अगर प्रकाश सर के इंस्टिट्यूट में मेरा दखिला हो जाये तो मैं पहले प्रयास में ही आई. ए. एस. की परीक्षा पास करके दिखा दूँगी।" मीनाक्षी ने इंस्टिट्यूट की प्रवेश परीक्षा देने के बाद हुलसकर माँ को बताया था।

"मेरी मीनू तो कुशाग्रबुद्धि है, उसका दाखिला न हो, ऐसा कभी हो सकता है क्या?" माँ ने स्नेह से उसे भींच लिया था। माँ-पापा की लाडली मीनाक्षी बचपन से ही आई. ए. एस. बनने का सपना संजोए आगे बढ़ती जा रही थी। छोटे भाई पीयूष की प्यारी मीनू दीदी... दादी की मुनमुन... को ईश्वर ने मुक्तहस्त से सौन्दर्य प्रदान किया था। "ये तो साक्षात दुर्गा का रूप है बहु... सुन्दरता में भी तेज में भी" उसकी दादी हमेशा गर्व से कहा करती थी। "मीनू, तुझ पर तो हर रंग फबता है... जिस रंग का कपड़ा तू पहनती है, लगता है वो जैसे तेरे ही लिये बना है।" माँ भी दिन में हजार बार नजर उतारती थी। मीनू का पसन्दीदा रंग काला, जो उसके गोरे रंग पर खूब फबता था, आज उसे तीव्र दाह, भीषण दहक से भर गया था। ठीक ही कहती थी माँ, "तू काला कपड़ा पहनकर बाहर मत जाया कर। कहते हैं काला रंग हर बुरी नजर से बचाता है,

पर तुझे तो इसी काला रंग के पहनावे पर किसी की नजर लग जाएगी। मैं माँ होकर आँखें हटा नहीं पा रही तो औरों का क्या हाल होगा बता?"

और मीनाक्षी लाज और खुशी, मिश्रित मोहक हास्य के साथ माँ के गले से लिपट झूल जाती, "तुम भी न माँ... अपनी बेटी किसे प्यारी नहीं लगती। मुझे किसी की बुरी नजर नहीं लगने वाली।"

पर उसे बुरी नजर लग ही गयी थी। आज वो खूब शौक से काला शिफान का सूट पहनकर इंस्टिट्यूट गयी थी। क्लास खत्म होने के बाद डॉ. प्रकाश ने उससे ऑफिस में मिलने को कहा था। वो वहाँ पहुँची तो एक अप्रत्याशित सच उसकी प्रतीक्षा कर रहा था।

"पिछले पाँच महीनों से रोज तुम्हें देख रहा हूँ... देखो, मुझे गलत मत समझना, मै... सच मैं तुमसे प्यार...।"

"पर... सर आप... ये क्या कह रहे है...?"

मीनाक्षी का कम्पित स्वर कमरे में गूंज उठा तो डॉ. प्रकाश ने उसके करीब आते हुए धीमें स्वर में कहा, "देखो, मैं तुमसे शादी करना चाहता हूँ... वैसे भी मुझसे शादी करके कौन सी लड़की सुखी नहीं रहेगी? दुनिया की हर खुशी मैं उसके कदमों में जो डाल दूँगा..."

"तुम समझ रही हो न...?"

मीनाक्षी की समझ में नहीं आ रहा था वो क्या कहे। उसका जी चाह रहा था किसी तरह वो भागकर घर पहुँच जाय। कहाँ तो वो इस व्यक्ति में अपने अभिभावक, पिता, गुरू और आदर्श की छवि तलाशती थी और कहाँ इसका ये अजीब सा रूप सामने आकर उसे दहला गया था।

"तुम अच्छी तरह सोचकर जबाब देना मीनाक्षी मुझे जल्दी नहीं है। लेकिन ये तो सोचो, मैं तुम्हारे कैरियर को कहाँ से कहाँ पहुँचा सकता हूँ...। मैं ने जिसके सर पर हाथ रखा है वो कामयाबी की ऊँचाई तक जरूर पहुँचा है।"

डॉ. प्रकाश की आँखों में दंभ, गर्व, अभिलाषा के साथ इस सूक्ष्म घृणित भाव का भी स्पर्श स्पष्ट था कि मीनाक्षी उसकी प्रेयसी बन जाए। शिष्या... पुत्रीवत युवती... प्रेयसी...

अंकशायिनी... उफ! मीनाक्षी का माथा फटने लगा था। घड़कनों की थाप कनपट्टियों पर सुनाई देने लगी थी। "मैं चलती हूँ।" किसी तरह वो घर पहुँची थी। मन बेतरह खिन्न हो उठा था। कच्ची उम्र में छोटा सा विचार भी मन में भीषण कोलाहल का सर्जक हो जाता है। मीनाक्षी के कोमल मन पर तो गहरा कशाघात हुआ था। सामने रखी किताब बंद कर के उसने टेबल पर सर रख दिया, और रो पड़ी छी! डॉ. प्रकाश ने ऐसा सोच भी कैसे लिया? वो सर पर हाथ रखने की बात कहकर अपना आशीष ही व्यक्त करते हैं न...? आशीष, जो सन्तान तुल्य छात्र-छात्राओं को गुरू से सहज ही प्राप्त होता है... पर मीनाक्षी के साथ तो एकदम उल्टा हुआ है... बेटा... बाबू... बच्ची बेटी... कहने वाली जुबान से प्रेयसी शब्द सुनकर उसकी आत्मा कैसी छलनी हुई है, वो ही जानती है। हे ईश्वर! अब क्या होगा...? मैं कैसे वहाँ सहज भाव से पढ़ सकूँगी? डॉ प्रकाश की आँखों में कौंधते भाव को कैसे नजर अन्दाज करूँगी...? मेरी पढ़ाई... अधर में लटक जाएगी... गुरू से मिला ये भीषण घात कैसे... सहूँगी...? क्या आजीवन भुला पाऊँगी...? उसकी आँखें झरने का पर्याय बन गयी थीं।

"मीनू...! दरवाजा खोल बेटी...?" माँ ने पुकारा तो उसकी सोच पर विराम लगा। जल्दी से मुँह घोकर उसने दरवाजा खोला "मीनू! तबियत खराब है क्या?" माँ ने स्नेह से माथा सहलाते हुए पूछा तो उसने सरदर्द का बहाना बना दिया।

पूरी रात वो सोचती रही। मन में तर्क- वितर्क चलता रहा। फिर उसकी सोच एक प्रश्न पर ठिठक सी गयी... आखिर उसका क्या दोष है? क्यों वह निर्दोष होते हुए भी किसी से नजरें चुराए? नहीं... मुझे प्रकाश सर का सामना करना ही होगा... उसने मन ही मन निर्णय ले लिया था।

दूसरे दिन वो रोज की तरह क्लास में गयी। प्रकाश सर की नजरें बार-बार उस पर फिसलती रही थीं, पर वो ऐसे बैठी रही मानो कुछ हुआ ही न हो। "सर ऑफिस में बुला रहे हैं।" चपरासी की इस बात पर उसे जरा भी आश्चर्य नहीं हुआ।

"जी सर!"

"आज शाम कहीं घूमने चलें? डॉ. प्रकाश की आँखें चमक उठी थीं।"

"सर आपको ऐसी बातें शोभा नहीं देतीं। मेरी उम्र अभी कैरियर बनाने की है... और फिर आप अपनी उम्र का भी तो लिहाज करें..."

"व्हाट उम्र...? मुझे तुम पसन्द हो दैट्स ऑल।" डॉ. प्रकाश विफर उठे थे।

"पर मुझे खुद पर शर्म आ रही है, कि मैं ने कैसे आप जैसे व्यक्ति को अपना आदर्श मान लिया था।"

मीनाक्षी के शब्दों ने जैसे आग में घी का काम कर दिया। डॉ. प्रकाश अपना आपा खो बैठे।

"गो टू हेल... जाओ! निकल जाओ यहाँ से। पर याद रखना इस शहर में चैन से नहीं जी पाओगी... मेरे एक इशारे पर....।"

आगे के शब्द डॉ. प्रकाश के मुँह में ही रह गये। मीनाक्षी तेज कदमों से ऑफिस से बाहर निकल गयी।

घर पहुँचकर वो चुपचाप अपने कमरे में बंद हो गयी। भय, दुःख, पीड़ा और अपमान की सम्मिलित अनुभूति से सराबोर। क्या वो माँ के सामने मन की व्यथा रख दे? क्या माँ उसे समझ पाएगी? कैसे लड़े वो इस परिस्थिति से? कई सवाल मीनाक्षी के अन्तर्मन मे तीक्ष्ण सुई की चुभन सा दंश दे रहे थे। बार-बार उसे दादी माँ की कही एक बात याद आ रही थी... "हमारा समाज बड़ा विचित्र है मुममुन! कैसी भी परिस्थिति हो प्रत्येक गलती का दोष स्त्री के सर ही मढ़ दिया जाता है।"

नहीं... ये पुरानी अवधारणा थी। मैं आज की लड़की हूँ... मुझ में सही निर्णय लेने की क्षमता है। मीनाक्षी ने मन ही मन दृढ़ता से दोहराया।

"मीनू तुम्हारा फोन है। माँ ने पुकारा तो वो गहरी सोच से उबरी।"

"किस का फोन है माँ?"

"तुम्हारे प्रकाश सर का... तुम्हारी प्रशंसा कर रहे थे... मीनाक्षी जैसी बुद्धिमान लड़की पर सब को नाज होना चाहिए..." माँ हुलस कर बता रही थी और मीनाक्षी का चेहरा विवर्ण होता जा रहा था।

"हलो!" उसने थरथराते स्वर में कहा।

"मैं अभी... इसी वक्त तुमसे मिलना चाहता हूँ... तुम...।"

"मैं कल क्लास के बाद ही मिलूँगी..." कहकर मीनाक्षी ने फोन रख दिया।

दूसरे दिन अपनी क्लास के बाद मीनाक्षी डॉ. प्रकाश से दो टूक बात करने का निर्णय लेकर उनके ऑफिस पहुँच गयी।

"देखिये सर, मेरे मन में आपके लिए बेहद आदर है पर ऐसा न हो कि मैं अपनी सीमा भूल जाऊँ।" मीनाक्षी ने सधे स्वर में कहा तो डॉ. प्रकाश चिढ़कर बोले,

"अजीब हो तुम, तुम्हारे सामने एक स्वर्णिम भविष्य खड़ा है और तुम बेकार की बातों में समय गंवा रही हो? मेरी पहुँच कहाँ तक है, तुम शायद जानती नहीं... किस तरह "सेटिंग" कर के मैं अपने प्रिय छात्रों को उच्च पदों तक पहुँचाता हूँ तुम्हें क्या पता?"

"एक बात पूछूँ?"

"हाँ!"

"सरिता सिंह भी तो आपकी प्रिय छात्रा थी न जिसके साथ आप विवाह करना चाहते थे?" इस प्रश्न पर डॉ. प्रकाश बौखला से गये। "करना चाहता था... पर आज की "डेट" में मैं तुमसे प्यार करता हूँ।"

"कल की "डेट" में किसी और से प्यार नहीं होगा इसका प्रमाण दे सकते हैं?"

"तुम... मुझसे... डॉ. प्रकाश से... इस तरह की बातें कहने का साहस आखिर कैसे कर सकती हो?" डॉ. प्रकाश आपा खोने लगे थे।

"क्योंकि मैं अपने चारित्रिक बल पर गर्व करती हूँ। मुझे ज्ञान है, क्या सही है क्या गलत। भावनाओं में बहकर इन्सान के हाथ केवल निराशा की धूल ही लगती है... अनुभूति की मिठास नहीं... रही बात भविष्य की... तो मैं आज की लड़की हूँ... मुझे अपना भविष्य संवारना आता है।"

मीनाक्षी की बात बीच में काटते हुए डॉ. प्रकाश ने गुस्से से तिलमिलाते हुए कहा, "भविष्य? मैं चुटकी बजाते ही तुम्हारा भविष्य बर्बाद कर सकता हूँ... मैं चाहूँ तो...।"

"सिर्फ आपके चाहने पर क्या होगा सर... मैं अगर चाह लूँ तो मैं भी प्रेस के सामने आपका सारा कच्चा-चिट्ठा खोल कर रख दूँगी... आपका दर्शनशास्त्र... ओछापन... सेटिंग... गेटिंग... सब दुनियाँ के सामने उजागर हो जाएगा।" हत्प्रभ डॉ. प्रकाश ने पूछा,

"क्या इससे तुम बदनामी से बच जाओगी?" "यही तो वो प्रश्न है जिससे बचने के लिए सदियों से निर्दोष स्त्री सजा भुगतने पर विवश होती रही है... मुझे ऐसी बदनामी की कोई परवाह नहीं... अगर मैं गलत नहीं हूँ तो डरूँ क्यों? मैं आज की लड़की हूँ, जो विषम परिस्थिति की चट्टान को भेदकर, सफलता की धारा बनकर प्रवाहित होने की कला भली-भांति जानती है... आप जो चाहते है करें...।"

इतना कहकर मीनाक्षी दृढ़ चाल से ऑफिस से बाहर चली आयी। जड़वत खड़े डॉ. प्रकाश रूमाल से माथे का पसीना पोंछते हुए कुर्सी पर बैठे गये। आज तक हर लड़की को वो जिस दृष्टिकोण से आँकते आए थे उसकी धज्जियाँ उड़ गयी थीं।

"कैसे हो मिट्ठू राम?" तोते का पिंजरा जोर से हिलाकर खिलखिलाकर हँसती मीनाक्षी को देखकर माँ ने पूछा, "आज बड़ी खुश हो मीनू।"

"हाँ, क्योंकि मैं जान गयी हूँ लड़की की सबसे सुन्दरता है स्वयं सही निर्णय लेने की क्षमता। अपनी कठिनाईयों से खुद जूझने की हिम्मत... है न माँ?" कहकर मीनाक्षी माँ के गले से लिपट गयी। हाँ! माँ ने बिटिया को नेहबंध में बांध लिया।

वैधव्य योग

हमारे शहर में पंडित दीनदयाल जी को कौन नहीं जानता। पूरे शहर में उनकी प्रसिद्धि का डंका बजता है। क्या मजाल कि उनकी कही कोई बात मिथ्या साबित हो जाए। उनकी जिह्वा पर तो मानो साक्षात सरस्वती विराजमान हों। भगवान की तरह पूजते हैं लोग उन्हें। पंडित जी का व्यक्तित्व है भी बड़ा आकर्षक लम्बा चौड़ा शरीर, चौड़ा भाल, उसपर चंदन का बड़ा सा त्रिपुंड लगाए श्वेत धोती-कुर्ता पहने वे साक्षात देवदूत जैसे दिखते हैं।

पंडित जी का छोटा-सा परिवार है। पत्नी, दो बेटियाँ और एक बेटा। पंडित दीनदयाल शास्त्री एक हाईस्कूल में हिन्दी के शिक्षक थे और उनके पिता एक जाने माने ज्योतिषी। बचपन से ही शास्त्री जी ज्योतिष विद्या में रुचि रखते थे। अपनी लगन और सच्ची भविष्यवाणियों के कारण आज वे ज्योतिषाचार्य कहलाते हैं। इस शहर का हर व्यक्ति, चाहे वह मजदूर हो, अफसर हो या डॉक्टर शास्त्री जी का भक्त है।

एक दिन मेरी सहेली रमा मुझे शास्त्रीजी के पास ले गयी। कौतुहलवश मैं उसके साथ चली गयी थी। अपना भाग्य जानने की इच्छा किस मानव में नहीं होती? उन्होंने मेरे बारे में कुछ ऐसी बातें बताई कि मैं भी उनकी मुरीद बन गयी। धीरे-धीरे अपनापन इतना बढ़ा कि मैं उनके परिवार की एक सदस्या बन गयी। उनकी पत्नी और बेटियाँ भी मुझसे बहुत स्नेह करती थीं। पंडित जी की बड़ी बेटी के विवाह में भी मैं गयी थी। इसी बीच मेरे पति का तबादला दूसरे शहर में हो गया। समय अपनी गति चलता रहा। धीरे-धीरे एक साल गुजर गया। एक दिन अखबार में पढ़ा, पंडित दीनदयाल शास्त्री को उनकी विद्वत्ता के कारण राज्य सरकार ने पुरस्कृत किया है। ज्योतिष शास्त्र पर लिखी उनकी उत्कृष्ट पुस्तक ने उन्हें यह पुरस्कार दिलाया था। कुछ दिनों के बाद जब मैं अपने शहर लौटी तो शास्त्री जी के यहाँ गयी। दो कमरे के छोटे से मकान के स्थान पर सुन्दर भव्य भवन खड़ा था। अन्दर जाते ही शास्त्री जी की पत्नी ने मुझे गले से लगाकर कहा- "बड़े अच्छे मौके पर आयी हो बेटी, कल इनके सम्मान में टाउनहॉल में समारोह

है। तुम भी चलना। "जरूर चाची- मैंने कहा।" इतने बड़े व्यक्ति का स्नेह पात्र होना मुझे आत्मिक आह्लाद से सराबोर कर गया।

दूसरे दिन मैं नियत समय पर पहुँच गयी। शास्त्री जी को घेर कर ढेर सारे लोग खड़े थे। मैंने भी चरण स्पर्श कर उनका आशीर्वाद लिया। शास्त्री जी की पत्नी मेरी बाँह पकड़कर मुझे एक ओर ले जा कर बोली, "बेटी, तुम मेरे घर चली जाओ और विनीता को समझाओ कि वह थोड़ी देर के लिए ही सही यहाँ आ जाए। उसे इस समारोह में नहीं देखकर रिश्तेदार और पड़ोसी तरह-तरह की बातें करेंगे। कहेंगे मां-बाप ने ही नहीं आने दिया होगा।

विनीता यानि शास्त्री जी की बड़ी पुत्री। मैंने पूछा- "पर, वह इस खुशी के मौके पर क्यों नहीं आना चाहती?"

"तुम तो जानती ही होगी उसके साथ कितना बड़ा अनर्थ हुआ है? पर, इसमें उसका क्या दोष? और...।"

"अनर्थ? कैसा अनर्थ?" मैंने उनकी बात बीच में काट दी।

"ये सब बाद में पूछ लेना। अभी तो किसी तरह उसे मनाकर लाओ।" शास्त्री जी की पत्नी ने अधीर हो कर कहा।

मैं जब शास्त्री जी के घर पहुँची, तो देखा श्वेत साड़ी में लिपटी एक काया चुपचाप बगीचे में खड़ी अपलक न जाने क्या देख रही थी। सफेद साड़ी और विनीता? वह तो श्रृंगारप्रिया थी न? मन में कौंध-सा गया। "बीनू! कैसी हो तुम?" मैंने उसके कंधे पर अपना हाथ रखते हुए कहा। जब वह पलटी तो मैं उसका रूप देखकर हतप्रभ रह गयी। सिन्दूर और बिन्दी विहीन भाल, सूनी कलाइयाँ, मुखड़े पर जमाने भर की पीड़ा का सैलाब... क्या ये एक शादी-शुदा लड़की है?

"दीदी, आप यहाँ?" विनीता मुझ से लिपट कर रो पड़ी। मेरे कानों में शास्त्री जी की पत्नी के कहे शब्द गूंज उठे, "तुम तो जानती ही होगी, उसके साथ कितना बड़ा अनर्थ हुआ है?" पर... ये सब हुआ कैसे?" मैंने पूछा। "उन्हें लंग्स कैंसर था। शादी के साल भर बाद ही...।" वो फूट-फूट कर रोने लगी। थोड़ी देर रो लेने के बाद जी हल्का हुआ, तो कहने लगी- "घर के सब लोग तो टाउनहॉल गये हैं।"

"हाँ, मैं जानती हूँ। तुम्हें वहीं से लेने आयी हूँ। चलो, जल्दी से तैयार हो जाओ।"

"नहीं दीदी, मुझे कहीं नहीं जाना। वैसे भी किसी शुभ कार्य में विधवा का क्या काम? "तुम ऐसा क्यों सोचती हो? घर के सारे लोग तुम्हारी प्रतीक्षा कर रहे है।" खुद चाची ने मुझे भेजा है।"

"मेरी प्रतीक्षा?" वह एक विद्रूप हँसी हँस दी। "अब मैं आपको क्या बताऊँ दीदी, उन्हें केवल इसलिए मेरी प्रतीक्षा होगी कि दुनियाँ वाले क्या कहेंगे? मन से कोई थोड़े ही चाहता है कि मैं किसी के सामने जाऊँ।"

"लेकिन क्यों?" मैं अवाक रह गयी।

"इसलिए... क्योंकि मैं एक जवान विधवा हूँ। हर जगह आना-जाना मेरे लिए अधर्म है। जब घर में ही मेरे साथ बुरा बर्ताव किया जाता है, तो बाहर की क्या बात? मेरे पिता किसी कार्य से बाहर जाने लगते हैं, और मैं सामने दिखायी पड़ जाती हूँ तो वे, जय श्रीराम... ऊँ नमः शिवाय... जय हे दुर्गा मां! का जाप करते-करते ऐसी आग्नेय दृष्टि से मेरी ओर देखते हैं, कि मन करता है धरती फट जाए और उसमें सीता की तरह समा जाऊँ। और मेरी माँ? वो मुझ से छिपकर सिन्दूर लगाती हैं। एक दिन मैं सामने पड़ गयी तो सिन्दूर की डिब्बी वापस जगह पर रख दी। जैसे मुझे देखने के बाद सिन्दूर लगाएंगी तो महापाप हो जाएगा। उफ! कितनी मानसिक यंत्रणाओं से गुजरती हूँ, क्या कहूँ?" उसकी आँखों से अविरल अश्रुधारा बहने लगी।

"तुम अपनी ससुराल में क्यों नहीं रहती?" मैंने पूछा।

"विधवा के लिए ससुराल में क्या रह जाता है दीदी?" शुरू-शुरू में कुछ दिन वहीं रही थी। पर, जब जेठ जी की नजर मेरी ओर कुछ दूसरे ही ढंग से पड़ने लगी, तो जिठानी ने, कुलटा... व्यभिचारिणी... पति को खाने वाली डायन... न जाने क्या-क्या दोष मेरे गले मढ़ कर मुझे यहाँ भिजवा दिया। दो रोटी खाकर अब यहीं एक कोने में पड़ी रहती हूँ। तीन महीने से यहीं हूँ।" मैंने उसे समझाते हुए कहा- "अभी इन सब बातों को भूल जाओ। तुम्हारे पिता को इतना बड़ा पुरस्कार मिल रहा है, क्या तुम्हें खुशी नहीं?"

"पुरस्कार?" उसने वितृष्णा से कहा। कैसा पुरस्कार? ये पुरस्कार महापंडित... ज्योतिषाचार्य... दीनदयाल शास्त्री जी महाराज... के लिए अहमियत रखता होगा, मेरे लिए नहीं।

पर...! मैं अवाक सी खड़ी थी। वे तो तुझसे कितना स्नेह रखते थे... मैंने भी कई बार देखा है अपने हाथ से तुम्हें खाना खिलाते... जब तुम स्कूल से लौटती थी? मेरे मन में कई प्रश्न थे।

"हाँ... तब मैं बच्ची थी ना... जैसे-जैसे बड़ी हुई महान पंडिताचार्य मेरे पिता ने मेरी भी कुंडली पढ़ी... और मेरी कुंडली का वैधव्ययोग... उन्हें हत्प्रभ बना गया... और फिर मेरे जीवन की विडम्बनाओं का प्रारंभ हुआ... न चाहते हुए भी मेरा विवाह 17 वर्ष की उम्र में करवा दिया गया... माँ ने कितना रोका था... अगर आप उसकी कुन्डली का योग जानते हैं, तो फिर विवाह...? पिता का तर्क था, कन्या अगर घर में रखनी है तो कुंवारी नहीं विवाहिता होना चाहिए। अब अगर उसके साथ कुछ गलत घटता भी है तो उसका भाग्य...।"

मैं संज्ञाशून्य सी सुनती जा रही थी... विनीता के मन का बाँध सहस्त्र प्रवाहों में टूट-बिखर कर बहता जा रहा था।

"दीदी! पहले तो मुझे उन सभी से नफरत हुई फिर मैं स्वयं को दोषी मानकर जीवन को घने अवसाद की ओर ले जाने लगी... तभी मेरे जीवन में प्रवेश हुआ शिक्षा का इन्टर का रिजल्ट आने पर मैंने कॉलेज में दाखिला ले लिया... अब कुछ ही वर्षों में बी.ए. की परीक्षा दूँगी... खूब पढ़ूँगी... और अपना जीवन अपने तरीके से जीने का एक प्रयत्न तो करूँगी... तिल-तिल कर जलना और अपने भाग्य पर कुढ़ना ही जीवन तो नहीं है ना... तो अब मैं कई बातों पर तर्क करती हूँ... तो उन्हें वाचाल लगती हूँ... अपनी बात अगर दृढ़ता से रखती हूँ तो उन्हें बरबाद लगती हूँ... शायद सब को माथे का बोझ भी लगती हूँ... इसलिए अब मुझे केवल अपने जीवन को शिक्षा से संवारना है... ना किसी की दया का पात्र बनना है न अवहेलना की प्रतीक्षा करनी है...।"

"तुम बिल्कुल सही मार्ग पर हो" मैने उसका कंधा थपथपाते हुए कहा। तभी फोन की घंटी बजी। शास्त्री जी की पत्नी ने पूछा।

"क्या विनीता मान गयी... आ रही है तुम्हारे साथ?" बस मैं कुछ ही देर में पहुँच रही हूँ कहकर मैंने फोन रख दिया और विनीता को गले लगाकर कहा... अब तुम्हारी कुन्डली बदल गयी है... "वैधव्य योग" का स्थान "सरस्वती योग" ने ले लिया है। अब यही तुम्हें सही सार्थक सकारात्मक और आनन्दमय जीवन की ओर ले जाएगा।

कार्यक्रम से लौटते वक्त मेरे कानों में विनीता की आवाज गूँज रही थी पंडित शास्त्री के लिए बजी तालियों की गड़गड़ाहट की गूँज तो बिल्कुल भी नहीं।

पांचवी कथा

शाम का धुंधलका पसरने लगा था।

सड़क वही थी... पुल भी वही था... आस-पास की झोपड़पट्टियों में दिन भर के थके हारे लोगों का आना शुरू हो गया था। सर्वत्र एक गहन कोलाहल प्रसारित था... पर जो भी पुल के पास से गुजरता, एक मध्यम आवाज सुनकर वहीं ठिठककर खड़ा हो जाता। कई लोग पुल के नीचे उचक-उचक कर देख रहे थे। राहगीरों और वहां के निवासियों का मजमा-सा लगा था।

और... पुल के नीचे से लगातार एक मासूम बच्चे का मर्मांतक रूदन फूट रहा था।

"हे ईश्वर! न जाने कौन पत्थर दिल इस मासूम को यहां मरने छोड़ गया?"

चौक पर चाय की दुकान चलानेवाले अजबलाल ने सफेद कपड़े में लिपटे रक्त से सने नन्हें बच्चे को उठाकर कलेजे से लगा लिया था।

"बहुत पापी होते हैं इस संसार में!" वर्षों से एक बच्चे को तरसती अजबलाल की पत्नी रानी ने जैसे अपने मन के घाव को सहलाया था।

"लड़की है... लड़की!"

अजबलाल ने जोर से कहा तो भीड़ में एक पल को सन्नाटा छा गया... फिर गहन कोलाहल...

"पापी! सत्यानाश हो उसका जो इसे पानी में फेंक गया!"

"क्या होगा इसका?"

"लड़की है न...!"

"अरे! कोई पुलिस को तो खबर करो।"

पुलिस वहां पहुंची तो दारोगा ने तुरंत शहर की "चाइल्ड केयर" संस्था को फोन कर दिया।

संस्था की अध्यक्षा उषा जी ने फोन उठाया, तो जो

सूचना मिली उसने उन्हें भी जड़ बना दिया, "न जाने मानवीय संवेदना उस क्षण क्यों मर जाती है जब मनुष्य ऐसे कृत्य को अंजाम देना चाहता है? एक लड़की को न जाने कब तक ऐसी विडंबनाओं से साक्षात्कार करना होगा?

एक ठंडी सांस भरकर उन्होंने संस्था के कार्यकर्ताओं को घटनास्थल पर भेज दिया।

एक दिन की नन्हीं बच्ची चाइल्ड केयर संस्था में पहुंच गयी... वहां से सदर अस्पताल, बच्ची की सांस रुक-रुक कर चल रही थी। रानी और उसके पति ने एक पल के लिए बच्ची का साथ नहीं छोड़ा था। मन में भारी बवंडर लिये दोनों चुपचाप सब कुछ देख रहे थे। देर रात में बच्ची की हालत सुधर गयी... उस नन्हीं की सांसें जैसे रानी की सांसों में घुलमिल गयी थीं। उषा जी भी दो घंटे से वहां बैठी बच्ची के स्वस्थ होने की प्रतीक्षा में ही थीं।

"इसे अनाथालय में पहुंचा दो... कल ऑफिस ऑवर में पूरी रिपोर्ट मिल जानी चाहिए मुझे... ठीक है?" निर्देश देकर उषा जी जाने लगी तो रानी और उसका पति उनके पांव पर गिर पड़े... "मैडम! यह बच्ची हमें सौंप दीजिए, हम पालेंगे इसे... अनाथालय मत भेजिए।"

न जाने क्यों उषा जी को भी लगा कि बच्ची इसी दंपती के साथ सुरक्षित रहेगी। उन्होंने कहा, हमारी संस्था बच्चों की सही देखभाल के लिए कटिबद्ध है। अगर पालक मां-बाप मिल जायें तो इससे अच्छा क्या होगा। आप लोग इसे गोद लेने संबंधी आवश्यक जानकारी के लिए कल कार्यालय आ जायें... कल बच्ची आपको मिल जायेगी।

रानी को जैसे मन मांगी मुराद मिल गयी।

उषा जी ने भी चैन की सांस ली।

अबोध बच्ची को परिवार मिल गया।

तो क्या कहानी यहीं खत्म हो गयी?

नहीं... कहानी, कथा जो कह लीजिए, वो तो अब शुरू होगी...

रात दो बजे फोन की घंटी से चौककर उषा जी उठी।

ऐसे फोन कॉल्स की उन्हें आदत थी। जरूर, कोई बच्चा परिवार से बिछड़कर भटकता मिला होगा। या कोई लड़की घृणित पेशे से छुड़ाई गयी होगी, फिर किसी कूड़े के ढेर में... सड़क किनारे... या नदी नाले में कोई नन्हीं जान पड़ी होगी, उन्होंने फोन उठाया, "हलो!"

"मैडम! मैं रानी...।"

"रानी! वही न जो दो-तीन महीने पहले बच्ची को गोद ले गयी थी?"

"जी हाँ मैडम! मैं..."

"बोलो... क्या बच्ची को कुछ हो गया है? इतनी रात में फोन क्यों किया है? उधर से रानी ने जो कहा उसे सुनकर उषा जी सोच में पड़ गयीं।

सुबह रानी पति के साथ कार्यालय पहुंची।

"मैडम! न जाने कैसे, कहां से पता लगा कर बच्ची का बाप कल रात मेरे घर धमक गया... रात बारह बज रहे थे। शराब के नशे में चूर था... धमकी दे रहा था कि या तो हम उसे पंद्रह-बीस हजार रुपये दे दें... नहीं तो वो हम पर बच्ची चुराने का केस कर देगा... हम क्या करें मैडम? हाथ जोड़े अजबलाल ने कहा। बच्ची को स्नेह से कलेजे से भींचे रानी रोती जा रही थी।

"मैडम तीन महीनों से पाल रही हूं मुन्नी को में इसके बिना जी नहीं पाऊंगी अब तो ये पहचानने भी लगी है।"

"वो कुछ नहीं कर सकता। वैसे भी बच्ची तुम्हें चाइल्ड केयर ने सौंपी है। घबराओ नहीं, ज्यादा चालाकी दिखायेगा तो बच्ची को मारने का प्रयास करने के जुर्म में उसी पर मुकदमा ठोंक दिया जायेगा।"

उषा जी ने रानी और उसके पति को समझा बुझाकर भेज दिया। फिर घटनाक्रम बहुत तेजी से घटा... बच्ची का पिता और उसकी नानी दूसरे ही दिन उषा जी के कार्यालय में आ धमके, रानी और उसका पति अजबलाल बच्ची को गोद में अमूल्य निधि की तरह भीचे वहीं उपस्थित थे। बच्ची का बाप व्यर्थ का प्रलाप कर रहा था। बच्ची के बिछड़ने के भय से रानी का मन बुरी तरह कांप रहा था। अजबलाल मौन था। बच्ची

की नानी विगत की घटनाएं बताती रो रही थी और उषा जी किंकर्त्तव्यविमूढ़ सी बैठी थीं... और इन सब की भावनाओं की पृष्ठभूमि में एक दूसरी ही कथा की किरचें पड़ी हुई थीं।

एक स्त्री जन्म से लेकर मृत्युपर्यंत एक कथा ही तो होती हैं। अपनी पीड़ा, खुशी... आक्रोश... व्यथा... क्रोध... मौन को अभिव्यक्त करने का प्रयास करती जीवंत कथा। कभी-कभी एक कहानी कई कहानियों की सर्जक हो जाती है। पांचवी कथा का बीज भी तभी पड़ गया था जब मालती... चार बेटियों की मां मालती, पांचवी बार गर्भवती हुई थी।

अठारह वर्ष की उम्र में ब्याह कर... मादक स्वप्न पलकों पर सहेजे मालती जब ससुराल आयी तो जीवन उमंगों से भरा था। युवती से स्त्री, फिर मां बनी... पांच वर्षों में चार बेटियों की मां!

"कर्मजली! लड़कियां रख दी हैं... छाती पर मूंग दलने। न जाने वंश-बेल कब बढ़ेगी?"

पति की फटकार के साथ मालती पांचवी बार गर्भवती हुई। पति ने अपना फैसला तभी सुना दिया था।

"लड़की हुई तो जान से मार डालूंगा तुझे और तेरी बेटी को भी टुकड़े-टुकड़े कर डालूंगा... समझी?"

"ये सब क्या मेरे हाथ में है?" मालती चाहकर भी कह कहां पायी थी। पिछली बार मुंह खोलने पर जो दंड मिला था उसका स्मरण वाणी पर मौन का भार जो रख गया था। फिर तो सात महीने भारी ऊहापोह में बीते। कभी मन में विचार आता... इस बार लड़का ही होगा और आगत खुशी की आहट महसूस कर वह खुशी से भर उठती। पर दूसरे ही पल एक नवजात कन्या का ख्याल मन में बवंडर पैदा कर देता। मन पीड़ा से फट सा जाता... उफ! एक स्त्री होकर एक अजन्मी कन्या के न आने की प्रार्थना! पर होता तो वही है न जो होना है, प्रसव पीड़ा से कम और आंतरिक पीड़ा और भय से ज्यादा कंपकंपाती थरथराती मालती जब अस्पताल लायी गयी तो उसके साथ उसकी मां गंगा भी थी।

"अम्मा! अगर ?" मालती की पीड़ा भी सहमी हुई थी।

"चुप! शुभ-शुभ बोल... सब ठीक होगा।" सांत्वना के स्वर बेअसर थे।

मालती का पति बेचैन होकर इधर-उधर घूम रहा था।

प्रसव पीड़ा से दोहरी हुई श्रांत, क्लांत मालती नन्हें शिशु का रूदन सुनकर कांप उठी। उसके रोंगटे खड़े हो गये। पता नहीं...?

"बेटी है..." नर्स के इन दो शब्दों ने कमरे में विस्फोट सा कर दिया। दोनों शब्द बर्छी की तरह मालती के सीने में उतर गये। "हे भगवान!" किसी तरह दो शब्द बोल पायी... और हृदयाघात से चल बसी। कोहराम मच गया।

उसका पति गुस्से से पागल होकर नन्हीं बच्ची का गला दबाने पर उतारू हो गया... दुष्टा! पैदा होते ही मां को खा गयी... किसी तरह नर्स और गंगा ने बच्ची की जान बचाई, गंगा की बुरी दशा थी, मृत बेटी... पांचवी नातिन... क्रोधी दामाद... न जाने क्या होगा? बार बार अपना कलेजा थामती वो विहवल हो रही थी।

"इसे मुझे दे दीजिए दामाद जी! मैं पाल लूंगी इसे।"

"हां! ताकि जवान हो जाये तो मेरे मत्थे मढ़ दो ब्याहने... क्यों?"

आनन-फानन में मालती की मृत देह एक जीप में रखकर वे सभी अपने घर रवाना हो गये। सफेद पोटली में लिपटी नातिन को कलेजे से भींच गंगा चुपचाप पिछली सीट पर बेटी की मृत देह के पास मौन रूदन समेटते बैठी थी। गाड़ी तेज रफ्तार से भागी जा रही थी।

ठीक पुल के पास... अचानक मालती का पति पीछे मुड़कर बोला, "लाओ! लड़की मुझे दो।" गंगा को लगा शायद पिता का हृदय बिन मां की बच्ची के लिए पसीज गया होगा। फिर... क्षण भर में वो घट गया जिसकी कल्पना भी गंगा ने नहीं की थी। मालती के पति ने बच्ची को गाड़ी की खिड़की से बाहर निकालकर... हवा में उछालकर पुल की रेलिंग से नीचे पानी में फेंक दिया।

"ओ मां!"गंगा की तेज चीख गाड़ी की तेज रफ्तार में गुम हो गयी। कथा समाप्त!

उषा जी सन्न रह गयीं... जड़वत... प्रस्तर प्रतिमा सी निष्प्राण। रानी भी अवाक रह गयी थी।

और... इस कहानी से जुड़ी तीसरी कथा रात दो बजे किये गये रानी के फोन से शुरू होकर धीरे-धीरे आगे बढ़ रही थी...

"तुम पर तो मैं पुलिस केस दर्ज करूंगी... एक नन्हीं बच्ची की इरादतन हत्या के जुर्म में।" गुस्से से उषा जी का बुरा हाल था।

"अरे नहीं मैडम! मेरी सास तो बेटी के गम में पगला गयी है। मैंने उसे फेंका थोड़े ही था... गोद में लेते वक्त छिटक गयी अभागी।

"झूठ बोलते शर्म नहीं आती?"

"झूठ? केस तो मैं करूंगा आप सब पर बेटी चुराने के जुर्म में... नहीं तो पैसे देकर मेरा मुंह बंद करवा लो।" वह बेहयाई पर उतर आया था।

"जो जी में आये करो।"

"ठीक है, एक सप्ताह के बाद आऊंगा। तो पैसे तैयार रखना नहीं तो लड़की छीन ले जाऊंगा... बाप हूं, जो चाहूं कर सकता हूं।"

वह पांव पटकता हुआ चला गया था। उषा जी ने रानी को समझा बुझाकर भेज दिया था, "बच्ची तुम्हारे साथ ही रहेगी।"

उस रात रानी की नींद जैसे हवा हो गयी थी... पलकों पर रुकती ही नहीं थी। नन्हीं बच्ची का सलोना मुखड़ा देख-देख कर मन वेदना से भरा जा रहा था। सोच रही थी, बांझ होना स्त्री का सबसे बड़ा अभिशाप है। और मैं इस अभिशाप के साथ जी ही तो रही थी... क्यों डाला विधाता ने उसे मेरी गोद में? अब तो वह मुझे पहचानने भी लगी है... कैसे हाथ बढ़ाकर मुस्कुराती है। मम! मम...! अस्फुट शब्दों में जब बोलती है तो मेरे मन में अदभुत तरंगें उठती हैं। महीनों से इसकी नींद से सोती जागती रही हूं इसकी हंसी से हंसती हूं तो इसके रोने से रोती रही हूं... कैसे इसे किसी दूसरे को दे दूं?

रात भर देवी-देवता को गुहारती रानी विकल थी तो उषा जी की आंखों में भी नींद कहां थी? आज उन्हें भी अपना संतानहीन होना बेहद दंश दे रहा था। एक संतान के लिए लोग

कितने तीर्थ करते हैं... और दूसरी ओर एक नवजात की दुर्गति करनेवाले पाषाण हृदयी लोगों की भी कमी नहीं। एक और स्त्री थी जो शून्य में निहारती। गहन चिंतन में डूबी थी... मालती की बूढ़ी मां... बेटी गयी... और उसकी मौत का कारण बनी वह बच्ची... कितनी सुंदर गोल-मटोल प्यारी सी हो गयी है... और रानी ने कितनी ममता से उसे छाती से लगा रखा था हे ईश्वर! उसे उसी की गोद में रहने देना!

रात बीत गयी... दूसरी सुबह एक नयी कथा भी साथ लेकर आयी... चौथी कथा कह लीजिए...

बच्ची तेज बुखार से तप रही थी... नन्हा शरीर निश्चेष्ट-सा पड़ा था। दिन भर माथे पर पट्टियां रखती रानी बेहाल थी... चौक के डॉक्टर से दवा भी ले आयी थी। पर बच्ची का ज्वर कम होने का नाम ही नहीं ले रहा था। जब दो दिनों तक उसका बुखार नहीं उतरा तो उसे सदर अस्पताल में भर्ती करना पड़ा। उषा जी ने तुरंत मदद की... डॉक्टरों का एक दल बच्ची का निरीक्षण कर रहा था। बच्ची की दशा काफी ख़राब थी।

"इसे मस्तिष्क ज्वर है... बुखार दिमाग में चढ़ गया है। कुछ कहा नहीं जा सकता।" डॉक्टरों ने चेताया था।

बच्ची वेंटीलेटर पर थी।

रो-रोकर रानी का बुरा हाल था।

उषा जी की व्यग्रता भी बढ़ती जा रही थी। उस बच्ची के पिता का फोन सुबह ही तो आया था... "परसों आ रहा हूं मैडम!"

"देखो, बच्ची बहुत बीमार है... तुम आज शाम ही अस्पताल आ जाओ... पहले उसका बचना जरूरी है... बाकी बातें बाद में होंगी..." उषा जी ने कह दिया था। सुनकर रानी बिलख पड़ी थी, "नहीं मैडम... बच्ची उसे नहीं दूंगी। मैं... घर-द्वार बेचकर भी इसका इलाज करवाऊंगी। यह तो उसी दिन से बीमार है... जब से उस शैतान ने इसे मुझसे छीनने की बात कहीं है।"

शाम तक बच्ची की दशा और बिगड़ गयी थी। सारे प्रयास व्यर्थ जा रहे थे।

बच्ची की नन्हीं देह स्पंदनरहित होकर बिस्तर पर पड़ी थी... मानो जीवन का कोई मोह ही न रहा हो। सारे लोग उसे घेरे बैठे थे मानो वो कहीं से निकल भागेगी। तभी अस्पताल के परिसर में दो जीपें आकर रुकीं, बच्ची का बाप अपने गांव के मुखिया, सरपंच... और न जाने किन छुटभैय्ये नेताओं के साथ आ धमका था। कंपाउंडर ने आकर बताया तो बच्ची के पांव पर सर पटकती रानी जोर से रो पड़ी।

अचानक डॉक्टर की दृष्टि बच्ची के चेहरे पर पड़ी... चेहरा निस्तेज पीला पड़ता जा रहा था। धड़कनें टटोली... नब्ज देखी... आंखें खोलकर निहारा... सन्न रह गया।

"मैडम! शी इज नो मोर।"

डॉक्टर ने कहा तो एक भयावह सन्नाटा कमरे में पसर गया... ठीक वैसा ही सन्नाटा जो भीषण आंधी से कुछ क्षण पहले होता है।

"कहां है मेरी बेटी?" उसी क्षण कुछ लोगों के साथ इन सभी कथाओं के सूत्रधार ने प्रवेश किया। और जब पता चला कि बच्ची इस दुनिया में नहीं रही तो उल्टे पांव वापस लौट गया... "मैं लाश लेने नहीं आया हूं।"

उषा जी की संज्ञा ने तो जैसे उनका साथ ही छोड़ दिया था। हत्प्रभ सी बैठी वे सोच रही थीं, ठीक कहा था रानी ने... शायद नन्हीं बच्ची की आत्मा भी इस सत्य को स्वीकार कर चुकी थी, कि जीवित रही तो उसी के पास जाना होगा जो इस दशा का जिम्मेदार है... तभी तो उधर पिता के पांव अस्पताल की देहरी पर पड़े और इधर बच्ची ने अंतिम सांस ली।

अब कमरे में केवल सन्नाटा था... और पांचवी कथा आकार ले रही थी...

बिस्तर पर नन्हीं मृत देह पड़ी थी।

रानी पति के कंधे पर अर्धमूर्छित अवस्था में निढाल पड़ी थी।

उषा जी आर्द्र आंखों को बार-बार पोंछती आवश्यक कार्यवाही में जुटी थीं।

"इसका अंतिम संस्कार..." उन्होंने जैसे ही अपने सहायकों को आदेश दिया रानी की वेदना का बांध टूट गया।

"यह अनाथ नहीं है... हम करेंगे इसका अंतिम संस्कार।" उसने बच्ची को सीने से भींच लिया।

कुछ ही देर बाद रानी बच्ची के साथ अपने घर पर थी... आज उसने उसे नयी फ्रॉक पहनाकर उसका श्रृंगार भी किया था। फिर दोनों पति-पत्नी उसी पुल के नीचे चल पड़े, जहां बच्ची को पाया था। पीछे लोगों का हुजूम था। शाम गहराकर रात का रूप लेने लगी थी। पुल के पास भारी भीड़ थी।

अजबलाल रोते हुए गहरा गड्ढा खोद रहा था... सब सांस रोककर देख रहे थे। गड्ढा खुद गया।

कई लोगों ने बड़ी मुश्किल से रानी की गोद से बच्ची को छीनकर जतन से उसे गड्ढे में उतार दिया। फिर... गड्ढे को मिट्टी से पाट दिया गया।

"पानी में नहीं बहाऊंगा इसे... न जाने किस अभिशप्त आत्मा ने नारी रूप धरा था। कहीं फिर बच गयी और... फिर कष्ट झेलना पड़ा तो...? धरती की गोद ठीक है..." अजबलाल के आंसू रुकते ही नहीं थे। पर रानी मौन थी।

आंखों में गीलापन नहीं एक विरोध था।

सहसा वह उठी... दो मुट्ठी मिट्टी गड्ढे में डाली और आसमान की तरफ हाथ उठाकर जोर से सिसकी भरकर कहा, "जाओ गुड़िया! पर अगले जन्म में लड़की बनकर कभी मत आना...!"

भाषा

बागमती सुपरफास्ट एक्सप्रेस बैंगलूरू सिटी से खुली ही थी कि लगभग भागती हुई दो महिलाएँ ट्रेन में चढ़ीं। डॉ० प्रभा के कम्पार्टमेन्ट में आकर एक ने पूछा, बी टू! हाँ। प्रभा ने कहा। डॉ० प्रभा का बर्थ नम्बर एक था वो दोनों महिलाएँ चार नम्बर बर्थ पर बैठ गई, दोनो बदहवास सी एक दूसरे को देखती... कंपकंपाते शब्दों में कन्नड या तमिल में न जाने क्या-क्या बातें कर रही थीं। जो शब्द ध्वनित हो रहे थे डॉ० प्रभा की समझ से परे थे। पर दोनों के हाव-भाव स्पष्ट बता रहे कि कहीं कुछ अनचाहा घटा जरूर है। दोनों महिलाएं माँ-बेटी लग रही थीं। वृद्धा की उम्र साठ-पैंसठ की लग रही थी। वो साँवले रंग और दोहरे शरीर की भावपूर्ण चेहरे वाली स्त्री थी। युवती की उम्र पच्चीस वर्ष के लगभग थी... बार-बार अम्मा... अमाए! सम्बोधनों से प्रतीत हो रहा था कि वो उस वृद्धा की बेटी थी। दोनों घबराई हुई थी और डबडबाई आँखों से एक-दूसरे का चेहरा देखती, कभी एक दूसरे की हथेलियाँ थपथपातीं तो कभी एक-दूसरे के कन्धे पर सर रखकर भीगी आँखें पोंछती। युवती जार-जार रोए जा रही थी। डॉ० प्रभा से रहा नहीं गया। उसने इशारे से पूछा, क्या हुआ? वृद्धा बिलखती हुई अपनी भाषा में धारा प्रवाह बोलने लगी। डॉ० प्रभा को वृद्धा की वेदना के सिवा कुछ भी समझ में नहीं आया। कभी-कभी इन्सान ऐसी स्थिति में होता है, जहाँ मूक-बधिर और प्रभावहीन होकर पत्थर की तरह सपाट हो जाता है। ऐसा तब होता है जब सामने कहे जा रहे शब्द उसके लिये अबूझ पहेली से हो। डॉ० प्रभा उनकी तकलीफ बाँटना चाहती थी पर विवश थी। वृद्धा का चेहरा पीड़ा से विवर्ण था। आँखों में अपनी युवा बेटी के लिये अपार ममत्व के साथ एक असहनीय दर्द भी छलक रहा था। वो लगातार वोले जा रही थी... बेटी को ढांढस बंधा रही थी... बेटी का सुन्दर चेहरा... बड़ी-बड़ी आँखें... तीखी नाक गोरा रंग, सब कुछ आँसुओं से सराबोर था... पीड़ा का एक दस्तावेज चेहरे पर स्पष्ट था पर "भाषा" पढ़ी ही नहीं जा रही थी। डॉ० प्रभा का मन संवेदनाओं से उद्वेलित था... वो बेचैन हो उठी थी. .. क्या हुआ होगा इनके साथ? "भाषा एक-दूसरे को समझने और भावाभिव्यक्ति का प्रमुख एवं सर्वप्रधान अद्‌भुत साधन है"

एम० ए० की क्लॉस में भाषा विज्ञान के प्रो० डॉ० शर्मा की आवाज कानों में गूंज उठी थी।

संयोग ऐसा था कि सहयात्रियों में भी उन दोनों माँ–बेटी के अलावा कोई दक्षिण भारतीय नहीं था। ज्यादातर पटना या सहरसा लौटने वाले बिहारी थे। डॉ० प्रभा एक सेमिनार में भाग लेकर पटना वापस लौट रही थी। सामने बैठी वृद्धा ने सहसा लड़की की पीठ और बाँह पर से साड़ी हटाते हुए संकेत से सबको दिखाया और अपना सर पीटती बिलख पड़ी। डॉ० प्रभा हत्प्रभ रह गयी... सभी यात्री सन्न थे युवती की बाँह और पीठ पर जलने का गहरा घाव था जैसे किसी ने जलती लकड़ी से दाग दिया हो... बाँह की खाल निकल गयी थी। रो–रोकर अपनी भाषा में बहुत कुछ कहती वृद्धा धीरे–धीरे बेटी के शरीर पर मारपीट के फलस्वरूप लगी चोट के निशान दिखाकर थर–थर कांपने लगी। क्रोध से मुट्ठियाँ भींचकर उसने न जाने किसे बद्दुआ दी। बेटी अब पाषाण प्रतिमा–सी बैठी थी। डॉ० प्रभा का मन काँप उठा, किसने की ये बर्बरता? हाथ के इशारे से फिर पूछा कैसे हुआ ये सब... किसने? वृद्धा ने बेटी का मंगलसूत्र निकालकर दिखाया। इसके पति ने? प्रभा सब समझ गयी थी... वृद्धा ने सहमति में सर हिलाया और बैग से अखबार की प्रतियाँ निकालकर प्रभा के सामने रख दी... प्रभा और कुछ सहयात्रियों ने अंग्रेजी अखबार की कतरनें और प्रतियाँ उठा ली...जो कुछ छपा था उसका सार यही था कि विवाह के पश्चात पति और ससुराल वालों ने जब एक युवती का जीना मुहाल कर दिया तो उसकी विधवा माँ ने कोर्ट के माध्यम से दोनों में समझौता कराया। कोर्ट के आदेश पर युवती वापस अपनी ससुराल लौट गयी। अखबार में सामने बैठी बिलखती रोती युवती की ही तस्वीर थी। डॉ० प्रभा और अन्य सहयात्रियों में परस्पर बातें होने लगीं... दहेज का मामला था... पर कोर्ट के समझौते के बाद भी शायद मारपीट और प्रताड़नाएँ जारी रही होगी... अब ये वृद्धा शायद बेटी को लेकर अपने घर जा रही हैं। वृद्धा उनकी बातें समझने में असमर्थ थी... पर बार–बार कुछ बोलती सर हिलाती जा रही थी... अचानक उसने एक अखवार उठाया और एक विज्ञापन की ओर संकेत किया जहाँ मोटरसायकिल की प्रशंसा करता एक युवक खड़ा था और बेटी की चोट को दिखाकर रो पड़ी। ओह!

तो ये बात है, इस बार स्त्री प्रताड़ना के मूल में मोटरसायकिल की चाह है? भाषा अबूझ होने पर भी मानवीय संवेदना मुखर हो उठी थी... डॉ० प्रभा को कल राष्ट्रीय सेमिनार में पढ़े गये अपने पेपर का निष्कर्ष बार-बार याद आ रहा था... कुछ शब्द मानो चेतना पर आघात कर रहे थे "आज समय बदल गया है. .. आज की स्त्री किसी पर आश्रित नहीं पंगु नहीं... वो तेजी से दौड़ रही है। अपना हक लेना उसे आ गया है।

इक्कीसवीं सदी सही मायनों में स्त्री-सदी है... स्त्री पीड़ा का समय प्रताड़नाओं का दौर... बेड़ियों से भरा काल अब समाप्त हो चुका है। वस्तुतः नारी जागरण के स्वर्ण काल के हम सभी साक्षी बन रहे हैं। जोरदार तालियों की गड़गड़ाहट से गूंजता हॉल और मंच से गर्वोन्नत चाल में सीढ़ियों उतरती डॉ० प्रभा न जाने कहाँ विलुप्त हो गयी थी... सामने तो खड़ी थी भीषण प्रताड़ना झेलती एक असहाय स्त्री, जो कहने को तो प्राणवान थी... पर उसका मूल्य एक जड़ यन्त्र से कहीं कमतर था। हे ईश्वर! डॉ० प्रभा की आत्मा आर्त्तनाद कर उठी, "भले ही हमारी बोली, संस्कृति, आचार-व्यवहार एक जैसे न हों... हम एक-दूसरे को समझ पाने में भी असमर्थ हो, पर... स्त्री पीड़ा एवं प्रताड़ना की भाषा सर्वत्र एक समान है।"

वो दोनों माँ-बेटी तो विजयवाड़ा में उतर गयी और पीछे छोड़ गयीं एक ऐसा प्रश्न जिसका उत्तर सदियों से ढूंढा जा रहा है... किसी भी भाषा में इसका कोई उत्तर नहीं।

बाधाग्रस्त

"मैडम, मेरी बेटी बहुत बीमार है। पहले उसे ही देख लें। आपका कंपाउंडर कहता है कि मेरा नंबर कल आयेगा। आप की बहुत मेहरबानी होगी," अपने क्लीनिक के पास मैंने जैसे ही कार रोकी, एक बूढ़ा आदमी अचानक मेरे सामने आकर गिड़गिड़ाकर बोला। मैंने कंपाउंडर से उसे भेजने को कहा।

"क्या तकलीफ है आपकी बेटी को?" मैंने बूढ़े की नवविवाहिता बेटी को देखते हुए पूछा।

"अभी पिछले साल ही इसकी शादी हुई है। ससुराल जाते ही इसे क्या हो गया, पता नहीं। ससुराल वाले कहते हैं कि इस पर चुड़ैल आती है।"

मैंने बीच में ही बूढ़े की बात काटते हुए कहा, "आज के वैज्ञानिक युग में चुड़ैल और भूत पर केवल मूर्ख लोग ही यकीन करते हैं।"

"इन बातों को मैं भी नहीं मानता, तभी तो आपके पास आया हूं। आपका बहुत नाम सुना है, मैडम मेरी बेटी अगर ठीक हो गई, तो जीवन भर आपका एहसान नहीं भूलूंगा" बूढ़े ने उम्मीद भरी नजरों से देखते हुए कहा।

बातचीत के दौरान पता चला कि अपनी बेटी की शादी उस बूढ़े रामप्रकाश ने खूब धूमधाम से एक खाते-पीते घर में किया था। लड़का दिल्ली के किसी स्कूल में टीचर था और दो महीने बाद वापस आने वाला था। रामप्रकाश को यह चिन्ता खाये जा रही थी कि यदि तब तक बेटी ठीक नहीं हुई, तो उसका जीवन तबाह हो सकता है।

"इसे होता क्या है?" मेरा मन उस मरीज लड़की की ओर खिंचता जा रहा था, जो बेंच पर चुपचाप बैठी नाखूनों से टेबल खरोंच रही थी।

"इसे जब भी दौरा पड़ता है, तब इसके हाथ-पांव ऐंठ जाते हैं और यह न जाने क्या-क्या बकने लगती है।" उस समय इसे न कपड़ों का होश रहता है, न किसी और चीज का, रामप्रकाश ने प्यार से बेटी को सहलाते हुए कहा। मैंने उस

लड़की से पूछा, "तुम्हारा नाम क्या है?"

"सरोज," उसने धीरे से कहा। "तुम्हारा नाम तो बिलकुल तुम्हारी तरह ही सुन्दर है,"मैंने हँसकर उसकी पीठ थपथपाई।"

रामप्रकाश रोज सुबह सरोज को लेकर मेरे क्लीनिक आने लगा। मैं जानती थी कि सरोज के मन में कोई कुंठा है, जो उसे अन्दर ही अन्दर खोखला कर रही है। धीरे-धीरे सरोज मुझसे खुलने लगी। परत दर परत दुख की पट्टियाँ खुलती गईं और जो नासूर मेरे सामने उभरा, उसने मुझे झकझोर कर रख दिया। मेरे जीवन में यह पहला केस था, जिसने मुझे यह सोचने पर मजबूर कर दिया कि क्या यह 21 वीं सदी है?

सरोज रामप्रकाश की पांच लड़कियों में सबसे छोटी थी। वह सुन्दर, कम बोलने वाली और पिता की सबसे ज्यादा लाड़ली थी। सरोज के ग्रेजुएट होते ही रामप्रकाश उसके लिए अच्छा लड़का तलाश करने लगे। उनके एक दोस्त ने जब उन्हें अरविन्द का रिश्ता सुझाया, तो वह बेहद खुश हुए। रामप्रकाश ने दोस्त से पूछा, "लड़का करता क्या है? जमीन जायदाद कितनी है? मेरी सरोज वहां खुश तो रहेगी न?"

"बिटिया वहां सुख से रहेगी, रामप्रकाश! लड़के का कोई भाई नहीं है, बस तीन बहिनें हैं। दो की शादी हो चुकी है। गाँव में बीस बीघा जमीन है और शहर में दो मंजिला मकान है। लड़का एम.ए पास है और दिल्ली के एक स्कूल में टीचर है। शादी के बाद अपनी सरोज दिल्ली में रहेगी" दोस्त ने समझाया, तो रामप्रकाश के मन से जैसे एक बोझ सा उतर गया।

सरोज की शादी धूमधाम से अरविन्द के साथ हो गई। पर उसकी समझ में यह नहीं आया कि शहर में दो मंजिला मकान होने पर भी उसे गांव के जर्जर मकान में क्यों लाया गया।

संकोचवश वह किसी से भी कुछ कह नहीं पाई। तमाम रस्मों को निबटाते हुए कब शाम बीत गई, पता ही नहीं चला। छोटी ननद विभा तो सरोज को देखकर खुशी से बावली सी हो गई थी। एक दिन सरोज ने उसका हाथ पकड़कर पूछा, "किस क्लास में पढ़ती हैं आप?"

"आठवीं पास हूं। आगे नहीं पढ़ सकती। गांव के स्कूल में आठवीं तक ही पढ़ाई होती है।" तो शहर में रहकर क्यों

नहीं पढ़तीं, वहां भी तो अपना मकान है न? "वह मकान मंझले चाचा का है और मंझली चाची बहुत बदमिजाज है," वह हंसी। "क्या वह मकान तुम्हारे भैया का नहीं है?" सरोज को झटका सा लगा। "नहीं भाभी," विभा ने कहा। पर उसे क्या पता था कि उसका एक शब्द "नहीं "सरोज के मन में तीर की तरह चुभ गया था।"

"अरविन्द ने झूठ क्यों बोला कि वह घर उसका है?" सरोज के मन में यह सवाल बार-बार उठ रहा था। उसकी हालत से बेखबर विभा कहती जा रही थी, "भाभी, तुम्हें पता है कि भैया मुझे भी अपने साथ दिल्ली ले जायेंगे। वहां मैं खूब पढ़ूंगी। मैं पढ़ने में बहुत तेज हूं। भैया की तरह दो बार में इंटर पास नहीं करूंगी।"

"तुम्हारे भैया तो एम.ए पास हैं न?" सरोज ने इस तरह विभा की ओर देखा, मानो वह "हां" ही कहने वाली हो, पर विभा ने जो कुछ कहा, उसे सुनकर वह जैसे आसमान से गिरी।

एम.ए. पास! अरे नहीं भाभी, भैया तो किसी तरह इंटर पास कर पाए हैं। लेकिन भैया बहुत मेहनती हैं। वह कह रहे थे कि दिल्ली जाकर कोई अच्छा काम धंधा तलाश करेंगे, जिससे जल्द ही अपना घर बनवा सकें। आखिर आपको कब तक दूसरों के घर में रखेंगे।

"अपना घर बनवाने की बात क्यों कही अरविन्द ने? क्या यह गांव का घर भी हमारा नहीं है?" सरोज ने विभा से पूछा।

"यह घर बड़े चाचा के हिस्से में आता है" विभा ने कहा, तो सरोज का सिर चकराने लगा। "इतना बड़ा छल?" झूठ बोलकर अरविन्द ने मुझसे शादी कर ली? पर क्यों? मेरे पिता और उनके दोस्त ने बिना जांचेपरखे मुझे ब्याह दिया। बाबूजी का अपने दोस्त पर अटूट विश्वास मुझे भंवर में फंसा गया, सरोज हैरान होकर सोचने लगी।

रात में सरोज ने अरविन्द से सारी बातें पूछीं, तो वह झल्ला गया, "तुम शहर की लड़कियों में यही एक खराबी है कि तिल का ताड़ बना देती हो। शादी-ब्याह में थोड़ा-बहुत झूठ-सच तो चलता ही है।"

"यह थोड़ा सा झूठ है कि आपने गिनाने को तो मकानों के ढेर गिना दिए, मगर हकीकत में सिर पर अपनी छत भी नहीं है?"

"यह तुम क्या किस्सा लेकर बैठ गई? तुम्हें तो पता है कि कल मैं दिल्ली जा रहा हूँ। इस बार कोई ऐसा काम करूँगा, जिसमें कमाई ज्यादा हो। फिर देखना कि मैं कितना बड़ा घर बनवाता हूँ।" अरविन्द ने सरोज को अपनी बांहों में लेना चाहा, पर सरोज तो जैसे जड़ हो गई थी। उसने पति की ओर सवालिया नजर डालकर पूछा, "आप तो काफी पढ़े-लिखे, एम. ए पास हैं न?"

"हाँ... पर तुम यह क्यों पूछ रही हो?"

"फिर झूठ, आप सिर्फ इन्टर पास हैं और वह भी दूसरी बार में... मुझे विभा से सब कुछ पता चल चुका है... आपने यह भी झूठ बोला कि आप दिल्ली में स्कूल टीचर हैं... क्यों?" सरोज रो पड़ी।

"उस विभा की बच्ची की तो मैं टांगें तोड़ दूंगा..." अरविन्द ने दांत पीस कर कहा।

"क्यों, क्या यह सच्चाई आप मुझ से हमेशा के लिए छिपा लेते? कल क्यों आज ही मुझे सब जान लेना चाहिए। बताइए, आपने ऐसा क्यों किया?" सरोज चीख पड़ी।

"न जाने किस मनहूस का साया पड़ गया मुझ पर... तुम तो बेहद जिद्दी और झगड़ालू हो। छोटी-सी बात को बढ़ा कर अफसाना बना दिया" अरविन्द ने गुस्से से कहा और कमरे से बाहर चला गया।

दूसरे दिन सरोज से बिना कुछ कहे अरविन्द दिल्ली चला गया। रोती तड़पती सरोज ससुराल में रह गई। मन ही मन एक घुटन, एक तड़प उसे बेचैन कर रही थी। मन हमेशा जैसे अंगारों में लोटता रहता। परकटे पंछी की तरह खुद को वह बेहद बेबस पाती थी। उसे लगता कि सारी गलती उसके पिता की है। उन्होंने क्यों अपने दोस्त पर आँखें मूंदकर यकीन कर लिया। क्या वह उन पर बोझ थी, जिसे झेलना उन्हें कठिन हो रहा था।

सरोज का मन किसी काम में नहीं लगता था। कभी सब्जी जल जाती, तो कभी दूध उबल कर चूल्हे में समा जाता।

ऐसे में सास तिलमिला कर कहती, "मुझे कैसी बहू मिली है? मांबाप ने क्या कुछ भी ढंग से करना नहीं सिखाया?"

एक दिन सरोज खाना बना रही थी, तभी उसने सुना कि उस की सास अपनी जेठानी से तेज आवाज में कह रही थी, "ज्यादा घर की धौंस मत दिखाओ दीदी! रहने देती हो तो कोई एहसान नहीं करती। पुरखों का घर है, कुछ दिन हम रह ही सकते हैं।"

"वाह, खूब कही अरविन्द की मां, तुम अपने हिस्से का रुपया ले कर घर हमारे लिए छोड़ने पर खुद ही तो राजी हुई थी। यह तो हमारी भलमनसाहत है कि कुछ दिन सिर छिपाने दिया," जेठानी ने चिढ़ कर कहा।

"बेटी का ब्याह सिर पर था, इसलिए हिस्से में घर नहीं रुपये लिये। अरविन्द को आ जाने दो, घर भी बन जायेगा। तब तक तो सब्र करो," सरोज की सास ने कहा।

अपनी सास और उनकी जेठानी की बातें सुनकर सरोज सोचने लगी, अगर चाची से मनमुटाव हो जाए, तो तुरन्त कहां जायेंगे। मैं तो पिता के घर में भी सहारा नहीं पा सकती। अगर उन्हें मुझसे जरा भी प्यार होता, तो क्या बिना जांचे परखे इस घर में मुझे ब्याहते?

सरोज को इन्हीं दिमागी उलझनों ने बीमार बना दिया। अब वह बैठी-बैठी अचानक चीख कर बेहोश हो जाती। कभी-कभी सरोज बेखयाली में बड़-बड़ाने लगती. मुझे यहां से मत निकालो। मैं कहां जाऊंगी? मुझे यहीं रहने दो... मुझे जाने के लिए मत कहो...मेरा अब क्या होगा?

ऐसे में सास घबराकर सरोज के मुंह पर पानी के छींटे मारती। जब सरोज को होश आ जाता, तब सास ताने देती हुई कहती, "बाप ने पागल बेटी हमारे गले मढ़ दी। अब मैं समझी कि चार महीने हो गए, पर अरविन्द की चिट्ठी क्यों नहीं आती?"

धीरे-धीरे अरविन्द को गए आठ महीने हो गए। सरोज सूख कर कांटा होती जा रही थी। एक दिन सरोज की हालत देखकर गांव की बूढ़ी दाई ने कहा, "अरविन्द की मां, बुरा मत मानना, पर तेरी बहू बाधाग्रस्त है।"

"बाधाग्रस्त?"

"हां, कहते हैं जिस पर चुड़ैल या भूतप्रेत का साया होता है, वही ऐसी हरकतें करता है। मेरी मानो तो इसे किसी ओझा से दिखाओ। मैं एक ओझा को जानती हूं, कहो तो बुला दूं। बड़ा पहुंचा हुआ है। जाने कितनों को बाधा से छुड़ा चुका है।"

"तुम ठीक कह रही हो, चाची। कल उस ओझा को बुला लाना हो सकता है, मेरी बहू ठीक हो जाए" सरोज की सास ठंडी सांस लेकर बोली।

आनन-फानन में पूरे गांव में यह बात फैल गई कि अरविन्द की बीवी बाधाग्रस्त है। उस दिन से सरोज हालात के नाम पर शारीरिक और दिमागी जुल्म की शिकार बनने लगी।

कभी सरोज को इमली की जड़ पीस कर पिलाई जाती, तो कभी नींबू के रस में अदरक की गांठ पीसकर जबरदस्ती खिलाई जाती। और उस दिन तो सरोज के सब्र की इंतहा हो गई, जब दाई एक अधेड़ ओझा को उसके घर ले आई। लाललाल निगाहों से जब ओझा ने सरोज को घूरा, तो उसका सर्वांग सिहर उठा।

ओझा ने सबसे पहले एक हवन कुंड बनाया और कुंड में कुछ फेंकता हुआ वह न जाने क्या-क्या बड़-बड़ाए जा रहा था। अचानक आगे बढ़कर उसने सरोज के बालों को अपने मजबूत हाथों से खींचते हुए कहा, बता कौन है तू? आज मैं तुझे नहीं छोडूंगा।

"मैं बिलकुल ठीक हूं। मुझे कुछ नहीं हुआ। मुझे छोड़ दीजिए" सरोज दर्द से चीख उठी।

"तू ऐसे नहीं मानेगी" कहकर ओझा ने एक मुट्ठी लाल मिर्च आग में झोंक दी। चारों तरफ धुआं ही धुआं हो गया।

सरोज तिलमिला कर बुरी तरह खांसने लगी और जोर से रोती हुई बोली, "मैं सच कहती हूं, मुझे कुछ नहीं हुआ।" ठीक है मत बता, अभी तुझे मजा चखाता हूं, कहकर ओझा ने आग में तपा हुआ लोहे का चिमटा सरोज की पीठ पर दे मारा।

गरम चिमटे की मार से सरोज बुरी तरह चीख उठी, पर न जाने उसमें कहां से इतनी ताकत आ गई कि वह ओझा के हाथ से चिमटा छीन कर उसी को बुरी तरह मारने लगी।

सरोज ओझा को मारते हुए चीखती जा रही थी, "मुझे मारेगा कमीने, मैं तेरी जान ले लूंगी।"

ओझा अपना सारा सामान वहीं छोड़ कर भाग गया। इसके बाद तो सरोज की सास और गांव की तमाम औरतें पूरी तरह मान गईं कि सरोज पर सवार चुड़ैल ही सब कुछ कर करा रही है। सरोज की सास ने उसके पिता को खबर भेज दी कि वह आकर अपनी बीमार बेटी को ले जाएं। पिता सरोज को घर ले आए। अपनी सोने जैसी सुन्दर लड़की की दयनीय हालत देखकर उनका दिल भारी हो गया। सरोज से उन्होंने कितना भी पूछा कि उसे क्या तकलीफ है? पर उसके होंठ मानो सिल चुके थे। वह कुछ भी नहीं बोलती थी।

सरोज को किसी दिमागी बीमारी से पीड़ित मानकर उसके पिता उसे मेरे पास ले आए थे। मेरे इलाज और हौसलाअफजाई से सरोज जल्दी ही ठीक हो गई। एक दिन मैंने सरोज के पिता से पूछा, "क्या आप जानते है कि सरोज की ऐसी हालत कैसे हुई?"

उन्होंने न में सिर हिलाया, तो मैंने कहा, "आप तो जानते ही हैं कि किसी फूल या पौधे को पनपने के लिए एक खास माहौल और जमीन की जरूरत होती है। यही बात औरत के साथ भी लागू होती है। जिस तरह के माहौल में वह पलती है, वैसा माहौल न मिलने पर उसे परेशानियां झेलनी पड़ती हैं।"
"मैं कुछ समझा नहीं," रामप्रकाश बोले।

"आपने सरोज की शादी में एक लाख रुपया दहेज में तो दिया, पर क्या यह पता लगाने की कोशिश की कि लड़का सच में पढ़ा-लिखा है या नहीं? उसके पास कितनी जमीनजायदाद है? लड़की को बी.ए तक पढ़ा तो दिया, पर कभी यह जानने की कोशिश की कि वह कैसा जीवनसाथी चाहती है, दोस्त ने रिश्ता सुझाया है, तो ठीक ही होगा, यह सोचकर आपने बेटी की शादी कर दी। जिसका खामियाजा सरोज को भुगतना पड़ा," मैं ने कहा।

"मुझे मालूम है कि मैं बुरी तरह ठगा गया हूं। मेरा दोस्त अरविन्द का मामा लगता है। उसने अरविन्द के बारे में बढ़ा-चढ़ाकर बताया। अरविन्द की शादी के लिए उसने मुझसे झूठ बोला। मैंने सोचा कि ऐसा लड़का फिर कहां मिलेगा। जितना पढ़ा-लिखा लड़का, उतनी बड़ी बोली लगती है हमारे

समाज में," उन्होंने कहा।

"बिलकुल ठीक कहा आपने, जब सरकारी अफसर और नेता भी दहेज लेते और देते हैं, तो भला यह रिवाज खत्म कैसे होगा?" मैंने हालात पर गुस्सा जताते हुए कहा।

"मेरी आंखें खुल गई हैं, डाक्टर, मैं अब सरोज को आगे पढ़ाऊँगा। उसे अपने पैरों पर खड़ा होने में मदद करूंगा...।" उन्होंने प्यार से बेटी की ओर देखा।

बाप-बेटी के जाने के बाद मैं सोचती रह गई कि क्या सरोज को बाधाग्रस्त कहने वाला समाज खुद बाधाग्रस्त नहीं है? दहेज का भूत तो सभी के सिर चढ़ कर बोल रहा है।

जिंदगी के भंवर में

प्रिय समीर,

शुभाशीष!

सुमन से मिलकर अभी ही लौटी हूँ... तुम्हारा आग्रह टाल नहीं पायी। पर... जिस सुमन से मिलकर पहले जीवन के स्पंदन से भर उठती थी, आज उससे मिलकर दुःख के अगाध सागर में डूब सी गयी, लगा एक साहसी और उन्नतिशील लड़की, जिसने हमेशा अपनी शर्तों पर जीवन जीने की ठानी थी, आज अपने ही चुने पिंजरे में कैद होकर कसमसा रही है। हां! तुमने ठीक सुना था, उम्र के इस पड़ाव पर, अपने से बीस वर्ष बड़े व्यक्ति से उसने सचमुच विवाह कर लिया है। कारण जानते हो? नहीं न...? बस उसे ही मूर्ख, सनकी, मतलबी और न जाने क्या-क्या कहा था तुमने। तुम ही ने कहा था न, सुमन ने उस व्यक्ति के वैभव से विवाह किया होगा... उसका भव्य बंगला और होंडा सिटी गाड़ी उसे भा गयी होगी। पर ऐसा कुछ नहीं है। वो तो एक ऐसे भंवर में फंस गयी है, जहां से निकलने का प्रयास उसे कई विडंबनाओं से साक्षात्कार करने पर विवश कर देगा। समीर, तुम तो सुमन से प्रेम करते थे न? फिर ऐसी एकांगी सोच क्यों? क्या हर विपरीत परिस्थिति के लिए स्त्री ही दोषी होती है?

तुम यही सोच रहे हो न तुमसे विवाह करने से इंकार करनेवाली और आजीवन अविवाहित रहने का निर्णय लेनेवाली सुमन ने ऐसा क्यों किया? कभी-कभी इंसान न चाहते हुए भी ऐसा बहुत कुछ कर जाता है जो उसके जीवन का मर्म ही पलटकर रख देता है। सुमन से मैं भी बहुत प्यार करती हूं भैया... आज मुझे सामने पाकर उसकी संचित पीड़ा का बांध टूट सा गया... मैं मौन रह गयी... सांत्वना के शब्द आत्मा में ही दफन हो गये, एक शहर में रहते हुए भी मैं उससे दस साल बाद मिल रही थी... तुम्हारी शादी में ही मिली थी न... फिर सब अपने आप में व्यस्त होते गये थे... और फिर अचानक उसकी शादी की सूचना... सोचा मिलकर आशीष दे आऊं... पर जा नहीं सकी... मैं उसके विवाह को भी एक आम विवाह जो समझ रही थी... तुम्हारे कहने पर आज नहीं जाती तो

स्त्री पीड़ा का एक दुखद अध्याय कैसे खुलता? एक कटु सत्य पिघलकर कैसे बहता?

"दीदी! आप...?" सुमन ने आश्चर्यमिश्रित खुशी से मुझे गले लगा लिया था।

"झूठा प्यार मत कर सुमन, इतना ही प्यार था तो तेरी शादी की ख़बर किसी और से क्यों मिली?"

"दीदी! सब कुछ इतना अचानक हुआ कि..." न जाने क्यों वो असहज सी लगने लगी थी।

"तू खुश तो है न?"

"नहीं!" उसने दो टूक जवाब दिया तो मैंने स्नेह से उसका हाथ पकड़कर पूछा, "फिर शादी क्यों की?"

"मां की इच्छा का पालन किया... वो चाहती थीं मेरा भी घर बस जाये। वो बहुत बीमार रहने लगी हैं। जब तक पापा थे... सब कुछ ठीक चल रहा था... उनके जाने के बाद मैं एक स्कूल में पढ़ाने लगी... ट्यूशन की... किसी तरह दोनों भाइयों को पढ़ाया... फिर वही हुआ जो होता आया है... दोनों अच्छी नौकरी पा गये... विवाह किया और पत्नियों के साथ अलग घर बसा लिया... मैं और मां सूने घर में नितांत एकाकी रह गये। मां बार-बार शादी के लिए लड़के देखती... मैं खूब झगड़ती... टालती जाती... नहीं करनी है मुझे शादी... पैंतीस वर्ष गुजार चुकी हूं... आगे भी हम दोनों मां-बेटी गुजार लेंगे... मां कहतीं, बेटा! मेरे बाद कैसे रहेगी तू? तेरे भाई मेरे रहने पर तुझे नहीं पूछते बाद में क्या पूछेंगे? मत पूछें...! मैं कह तो देती पर मां के बाद अपने एकाकी प्रयोजनहीन नीरस जीवन की कल्पना मुझे भी सिहराने लगी थी।"

मैं चुपचाप सुन रही थी। वो चाय बनाने अंदर गयी तो मैं ध्यान से उसका घर देखने लगी। भव्य... बड़े से बंगले में संपूर्ण वैभव विद्यमान था... शायद सुमन बेहद आरामदायक शांत- संतुष्ट जीवन जी रही है मैं सोच रही थी और मेरे मन में उसका कहा एक शब्द भी चुभ रहा था... "नहीं"...

"दीदी! चाय लीजिए", उसने चाय का कप देते हुए कहा तो मैं वर्तमान में लौटी।

"घर तो बड़ा सुंदर है सुमन... तेरे पति कैसे है? पहली

पत्नी को गुजरे कितना समय हुआ? बच्चे कितने हैं उनके?" मैंने एक साथ कई प्रश्न कर डाले थे।

"एक साल हुआ है उन्हें गुजरे... एक बेटा है जो पत्नी के साथ कनाडा में हैं..."

"क्या? मैं तो सोच रही थी छोटे-छोटे बच्चों के लिए दूसरी शादी की होगी... बहू भी है... और इस उम्र में...!"

"उन्होंने सिर्फ घर का बना खाना खाने के लिए घर व्यवस्थित करने के लिए और कभी-कभार अपनी शारीरिक जरूरतें पूरी करने के लिए मुझसे शादी की है... यह मैं नहीं, वो कहते हैं. प्रतिदिन इसी अहसास के साथ मेरी सुबह होती है कि मैं इस बड़े से बंगले में "केयरटेकर हूं किसी की पत्नी नहीं..." "मतलब?"

वो फूट-फूटकर रो पड़ी, जानती हैं दीदी! कल उन्होंने मुझसे कहा कि मैं पंद्रह दिनों के लिए मां के पास चली जाऊं क्योंकि एक हफ्ते बाद उनका बेटा कनाडा से घर आ रहा है... और और वो मेरी सूरत भी देखना नहीं चाहता। मैं सन्न रह गयी। आख़िरकार मैं उनकी विवाहिता पत्नी हूं, पूरे समाज के सामने उन्होंने मेरा साथ देने का वचन दिया है... सिंदूर भरा है मेरी मांग में... यह क्या अनर्गल प्रलाप कर रहे हैं? मैं जोर से चीख़ पड़ी थी।

"ये प्रलाप नहीं सच है... मेरा बेटा तुम से मिलना नहीं चाहता... और मैं नहीं चाहता कि वो अपने पिता के घर से दुःखी होकर लौटे, मेरे पति ने सपाट स्वर में कहा तो मैं संशाशून्य सी खड़ी रह गयी। आत्मा में जैसे बहुत कुछ टूटकर चुभने लगा था, मैंने पूछा, मेरी क्या हैसियत है आपकी जिंदगी में जरा यह भी समझा दीजिए?"

"ठीक है, तुम मेरी पत्नी हो... मैं जीवन भर रोटी कपड़ा और छत तो दूंगा ही... तुम्हें रोड पर तो नहीं छोड़ रहा न...? रवि को अपनी मां से बहुत लगाव था, वो उसे कभी भूल नहीं पायेगा... और न किसी दूसरी को मां का दर्जा दे सकेगा, मैं अच्छी तरह जानता हूं।"

"पर सच्चाई तो यही है न, कि अब मैं ही उसकी मां हूं... उसे घर आने तो दीजिए, मैं इतना स्नेह और अपनापन

दूंगी कि वो मुझे मां ही समझकर वापस लौटेगा। मैंने मन की सभी आशाओं को समेटकर पति से विनती की... पर जानती है दीदी, उनका स्पष्ट उत्तर था, "ऐसा कभी नहीं होगा... वो तुमसे नफरत करता है।"

"नफरत! ऐसा क्या किया है मैंने?" मैं अवाक रह गयी थी। उन्होंने कहा, "उसे लगता है कि तुमने मुझसे नहीं मेरी संपत्ति से विवाह किया है।"

"पर यह तो सच नहीं है आप जानते हैं न?"

"हां! पर वो यही मानता है।"

"लेकिन, आप उसे सच बता तो सकते हैं न?"

"मैं किसी की सोच नहीं बदल सकता।" मेरे पति ने कहा तो मैं जड़ हो गयी दीदी! सच कहूं तो इस विवाह से मुझे केवल दर्द मिला है और कुछ नहीं."वो बताती गयी... रोती गयी... मैं चुपचाप सुनती रही एक चलचित्र सा मानो सामने चलता चला जा रहा था...

मां के लाख समझाने से और भाइयों के कहने पर सुमन जब सिविल इंजीनियर सुबोध से मिली तो उसके कुंवारे मन में भी अभिलाषाओं के अंकुर फूटने लगे थे।

"मां ठीक कहती हैं, अकेलापन भविष्य में मेरे जीवन को दंश से भर देगा... और सुबोध मुझे एक सुदृढ़ भविष्य दे सकते हैं। एक छोटा बेटा है... उसे इतना प्यार दूंगी कि मां की कमी महसूस ही नहीं होगी।" पर इंसान का अपना सोचा कब होता है? नियति के पत्तों पर तो दुनियां चलती है... और नियति ने जब पहला पत्ता फेंका तो सुमन के पांव तले जमीन खिसक गयी. एक सादे समारोह में विवाह संपन्न हुआ... घर पहुंची तो ड्राइंगरूम में सजी ख़ूबसूरत फ्रेम में जड़ी, एक युवक की तस्वीर देखकर उसने पूछा, "यह कौन है?" और उत्तर सुनकर सन्न रह गयी... फिर थरथराते शब्दों में कहा, "पर... आपने तो कहा था आपका बेटा छोटा-सा है..."।

यह कितना भी बड़ा हो जाये, मेरे लिए तो बच्चा ही रहेगा न...? वैसे मेरी बहू भी बहुत सुंदर है... जल्द ही दादा बनूंगा मैं... उसका पति बताता जा रहा था... और वह अपनी किस्मत की विद्रूपता पर दंग थी। स्त्री का सहज गुण

है समझौता, सुमन ने भी वही किया... सोचा अपने प्रेम से, सहनशीलता से वह अपना घर सहेज लेगी। पर यहां भी एक दुष्कर सत्य मुंह बाये खड़ा था। सुमन का यह प्रथम विवाह था... उसके अरमान उड़ान पर थे... जीवन का हर सुख मुट्ठी में समेटने की इच्छा लिये वह आशा भरी स्निग्ध दृष्टि से जीवन को निहार रही थी। और सुबोध तीस वर्ष का संपूर्ण वैवाहिक जीवन जीकर निर्लिप्त सा हो गया था। सुमन के स्नेह समर्पण में जहां सौहार्द्र... मनुहार... अनुराग... समर्पण और मादकता थी वहीं सुबोध की मनोगत प्रेमिल संवेदनाएं जड़-सी हो गयी थीं। दांपत्य के अंतरंग क्षणों में जब सुमन की भावनाएं आनंद के अतिरेक में मग्न होकर संपूर्ण स्त्रीत्व की अनुभूति करना चाहतीं, सुबोध का ठंडा उष्मारहित स्पर्श जो प्रेम का नहीं, केवल कर्त्तव्य का बोध कराता था... उसे भी विरत-सा बना डालता। ऊपर से बार-बार सुबोध का यह अहसास दिलाना, कि उसने पत्नी सुख के लिए नहीं बल्कि घर व्यवस्थित करने के लिए विवाह किया है... सुमन के रहे-सहे विश्वास को भी लीलता जा रहा था। कुछ ही दिनों में वह जान गयी थी कि यह विशाल बंगला... जिसकी साज-संभाल करते करते वह सुबह से हलकान हो जाती है उसके सौतेले बेटे के नाम पर है। चलो कोई बात नहीं, सुबोध ने उसके बारे में भी तो जरूर कुछ सोचा होगा... वो मन को बहलाती रहती। धीरे-धीरे मात्र एक वर्ष में वह अच्छी तरह समझ गयी कि उसकी दशा पिंजरे में बंद पक्षी की तरह है जिसे न तो मनपसंद आहार मिलता है और न उन्मुक्त गगन में उड़ान का मौका ही प्रायः वह सोच के गहरे सागर में उतर जाती... तब उसे याद आता समीर... उसका प्रथम प्यार... बचपन से एक साथ खेलते-झगड़ते बड़े हुए थे दोनों... समीर उसे बेइन्तहा प्यार करता था... कई बार शादी करने की जिद पकड़ लेता था। पर वह थी कि उसका मर्म समझने का प्रयास ही नहीं करती थी... तब आदर्श बेटी... आदर्श बहन का लबादा ओढ़े न जाने किस दुनियां में विचरती रहती थी... तब जिन भाइयों की शिक्षा के लिए उसने क्या क्या जतन नहीं किये, आज उन्हीं की अहसान फरामोशी का दंड झेलने पर वह विवश है। शादी के बाद उसे पता चला कि उसका पति उससे बीस वर्ष बड़ा है... वह भी तब, जब एक रात उसने बिफरकर कहा था, "घर मेरे नाम नहीं... रुपया मेरे पास नहीं... सब कुछ आपके बेटे का है, तो मेरा भविष्य क्या है?"

"मैं हूं न!"

"और आपके बाद?"

"तुम मेरी मृत्यु की कामना करती हो?"

"नहीं! पर ऐसा हुआ तो?"

"मुझे अपने जिम्मेदारियां पता है..." सुबोध ने कहा तो वो गुस्से से तेज स्वर में बोली, "मुझे अपनी संतान चाहिए कोई तो हो जिसे मैं अपना कह सकूं... जो मेरे सुख-दुःख का हिस्सेदार हो।"

"ऐसा नहीं हो सकता... और, लोग क्या कहेंगे? पचपन का हो चला हूं... इस उम्र में बच्चा! ऐसा सोचना भी मत। रिटायरमेंट की उम्र है मेरी पचपन?" आपने तो पैंतालीस बताया था न? "उसने हतप्रभ होकर पूछा था।"

"हां! शादी-ब्याह में इतना झूठ-सच चलता ही हैं।"

"पर मैं तो पचपन की नहीं हूं न... मेरे भी कुछ अरमान हैं मुझे अपनी संतान चाहिए। आप इतनी एकांगी सोच क्यों रखते हैं? रिटायरमेंट की उम्र में शादी ही क्यों की?"

"तुम कितने तर्क-वितर्क करती हो... एक "वो" थी कभी तेज स्वर में एक शब्द नहीं कहा, जो कहता था मान लेती थी..."।

"हां! उन्हें मेरे जैसी स्थिति में रहना पड़ता न तब देखते... तर्क... वितर्क" ऐसे विवाद अब रोज का किस्सा बन गये थे। दांपत्य में कटुता बढ़ती जा रही थी। हद तो तब हो गयी जब एक राज और खुला। उस दिन सुमन ने ठान लिया था वह इस रोज-रोज के झगड़े को ख़त्म कर के रहेगी। उसने शांत भाव से पति से बात की, समझाने का एक अंतिम प्रयास किया। आप मेरी बात, और मुझे समझने की एक कोशिश तो कीजिए। एक स्त्री की संपूर्णता मां बनने में ही है... एक संतान स्त्री को मातृत्व अनमोल थाती ही नहीं देती बल्कि उसे पाकर उसका नारीत्व धन्य हो जाता है... क्या आपको नहीं लगता, हम दोनों की भी एक संतान हो?

"ऐसा नहीं हो सकता... अब... मैं क्या बताऊं तुम्हें... देखो... मैं तुम्हें डालिमा में नहीं रखूंगा... जब रवि पैदा हुआ

था तब विभा की हालत बहुत ख़राब हो गयी थी... दूसरे बच्चे के कारण उसकी जान भी जा सकती थी... इसलिए...!

"इसलिए?"

"मैंने... तभी... अपना... ऑपरेशन..."

"क्या?" सुमन सन्न रह गयी थी मूक-बधिर सी बैठी रह गयी थी... अब कहने-सुनने को शेष क्या बचा था?

वह पागलों की तरह चीख़-चीख़ कर पूछना चाहती थी... मेरा जीवन सूली पर क्यों चढ़ाया? पर चुप रही... उत्तर तो उसकी आत्मा में ध्वनित हो ही रहा था... "घर संभालने के लिए तुमसे शादी की है" अब तुम क्या करोगी सुमन? मैं उसकी दशा पर मर्माहत थी।

"वही जो मुझे करना चाहिए दीदी" उसकी आवाज में एक दृढ निश्चय झलक रहा था।

"मैं किसी कीमत पर घर छोड़कर मां के पास नहीं जा रही। रवि को यहां आना है तो स्वागत है, नहीं तो जहां रहना हो रहे... मुझे कोई फर्क नहीं पड़ेगा। मैंने जीवनपर्यंत केवल दूसरों के बारे में ही सोचा है... भाई-बहन, माता पिता, रिश्ते-नाते निभाकर थक गयी हूं... टूट गयी हूं।

अब मुझे केवल अपने लिए जीना है। वो सुमन जो वक्त की तेज रफ्तार में न जाने कहां भागती जा रही थी... आज वह स्थिर होकर केवल अपने बारे में सोचेगी... माना जिंदगी ने दुश्वारियों और वेदनाओं के भंवर में डालकर मेरी भावनाओं को चुनौती दी है... पर मैं भी हिम्मत नहीं हारूंगी... इस भंवर से कैसे बाहर निकलना है वह रास्ता मैंने ढूंढ़ लिया है। एक पत्नी होने के नाते मैं अपने अधिकारों के लिए जरूर लड़ूंगी... और जीतूंगी भी... ये मेरा वादा है आपसे... वो कहती जा रही थी और मैं वर्षों पहले की दृढ़ निश्चयी साहसी सुमन को सामने पाकर अभिभूत थी. वेदना का अहसास न जाने कहां खो गया था... बस एक अहसास जीवंत हो उठा था, काश! यह तेरी पत्नी होती समीर! काश! तूने उसकी प्रतीक्षा की होती! काश...!

तुम्हारी दीदी सुधा

दीवारों के उस पार

"मुझे घर जाना है... मुझे जाने दो।" तुलसी का रोना-धोना फिर शुरू हो गया था। वैसे तो वो शान्त रहती थी, पर जब मन में घर की स्मृति पीड़ा बनकर कौंधती, तो वेदना आंखों से धाराप्रवाह वह निकलती। मन की पीड़ा आर्त्तनाद बनकर होंठों से फूट पड़ती

"मुझे मां की याद आ रही है। मां...! मैं घर जाऊंगी।"

"तुम्हारा घर है कहां? कौन हैं तुम्हारे माता-पिता? कुछ बताओगी तभी तो हम तुम्हें उनके पास पहुंचा सकेंगे न।" नारी निकेतन की संचालिका अरूणा देवी ने रोज की तरह कहा, तो तुलसी का रूदन फिर शुरू हो गया।

उसके अवचेतन में केवल उसकी मां की धुंधली तस्वीर थी। अरूणा देवी का मन तुलसी को देखकर दया से भर उठता था। उन्हें आज भी वो दिन याद हैं, जब पुलिस तुलसी को उसके नारी निकेतन में लेकर आयी थी। अर्धविक्षिप्त तुलसी बस एक ही बात की रट लगाए जा रही थी, "मुझे घर जाना है...मां के पास..."

"मैडम, ये लड़की हमें बड़े पुल के पास मिली। दो दिन से हम इसे वहां भटकते देख रहे थे। दिमाग से भी कमजोर लगती है। इसकी सुरक्षा की दृष्टि से हम इसे यहां ले आए हैं।"इन्सपैक्टर ने कहा।

"आपने बिलकुल ठीक किया।" अरूणा देवी ने स्नेह से तुलसी के बालों को सहलाते हुए कहा।

तुलसी को इस नारी निकेतन में आए हुए दो महीने होने को आए थे। अरुणा देवी ने बहुत कोशिश की कि ये लड़की अपना अता-पता, नाम कुछ तो बताए। पर वो अपने आप में खोई बदहवास सी न जाने क्या-क्या बड़बड़ाती रहती। तब अरुणा देवी ने ही उसे एक नाम दिया था-तुलसी। अरुणा देवी इस बात को महसूस कर रही थीं, कि इस लड़की के साथ बहुत कुछ अनचाहा गुजरा है। तभी इसकी स्मृति भी इसका साथ नहीं दे रही। और मानसिक संतुलन भी डगमगा गया है। उन्होंने तुलसी को शहर की जानी-मानी मनोचिकित्सक

डॉ. विमला मित्रा को दिखाया। डाक्टर ने कहा, "अरूणा जी, ये लड़की भीषण मानसिक और शारिरिक यंत्रनाओं से गुजरी है। कुछ वक्त तो लगेगा, पर ये ठीक हो जाएगी।"

तुलसी का इलाज चलने लगा। धीरे-धीरे उसमें आ रहे परिवर्तनों से अरुणा देवी बहुत खुश थीं। उसके दिल में आशा का दीप जल उठा था, शायद ये लड़की अपने परिवार वालों से मिल पाए।

धीरे-धीरे तुलसी का स्वास्थ्य सुधरता जा रहा था। अब वो न तो घर जाने की जिद करती, न ही उसका अनर्गल प्रलाप जारी रहता। गुमसुम सी वो नारी निकेतन के बहुत से कामों में अरुणा देवी का हाथ बंटाने लगी थी। अरुणा देवी को महसूस हो रहा था कि तुलसी की याददाश्त वापस आ गयी है। पर वो शायद कुछ बताना नहीं चाहती। एक दिन उन्होंने तुलसी से पूछ ही लिया। "मुझे... कुछ भी याद नहीं...." तुलसी ने वहां से उठकर जाना चाहा। अरूणा देवी ने उसका हाथ पकड़कर स्नेह से उसे पास ही बिठा लिया, और बोली, "पर तुम तो यहां से बाहर जाना चाहती थीं न? अपनी मां से मिलने की कितनी चाह थी तुम्हें। तुम्ही तो कहती थीं, नारी निकेतन की दीवारों के बीच तुम्हें कैद कर के रखा गया है। तुम इन दीवारों के उस पार जाना चाहती थीं न? अब जब तुम्हारी याददाश्त वापस आ गयी है, तुमने चुप्पी क्यों साध रखी है? क्या तुम घर जाना नहीं चाहतीं?"

"दीदी, मुझे इन्हीं दीवारों में रहने दो। मैं... कहीं जाना नहीं चाहती।" वो रो पड़ी।

"अच्छा, ये तो बताओ तुम्हारा नाम क्या है?" अरूणा देवी ने पूछा।

"अब मेरा नाम तुलसी है... सिर्फ तुलसी।"

"देखो, यहां रह रही हर लड़की घर जाना चाहती है। तुमने देखा न कल निशा अपने घर जाते वक्त कितनी खुश थी। किस इंसान से गलती नहीं होती? अगर तुमसे भी कोई भूल हुई है तो तुम उसकी सजा भोग चुकी हो। तुम मुझे सब कुछ बताकर अपना दिल हल्का कर सकती हो।" विह्वल तुलसी ने रो-रोकर जो बताया उसे सुनकर अरूणा देवी के रोंगटे खड़े हो गए। एक स्त्री की मानसिक और शारीरिक त्रासदी की लोमहर्षक कहानी थी, तुलसी उर्फ, निर्मला की गाथा।

निर्मला का पिता गोवर्धन ईटा भट्टी में काम करता था और उसकी मां दो-तीन सम्पन्न घरों में नौकरानी का काम करती थी। गांव के स्कूल से पांचवी पास निर्मला आगे पढ़ना चाहती थी, पर मां-बाप की गरीबी आड़े आ रही थी। उम्र के अठारहें वर्ष में पांव रख चुकी निर्मला छोटे भाइयों को संभालने और खाना बनाने के काम में लगी रहती। कुछ सिलाई-कढ़ाई भी कर लेती। मां को उसकी शादी की चिन्ता खाए जा रही थी। वो जानती थी, गरीब की सौन्दर्यमयी बेटी उसके माथे का वो भारी बोझ होती है जिसे जल्द से जल्द किसी आंगन में रखाकर ही वो चैन की सांस ले सकती है। निर्मला की मां निकम्मे शराबी पति और घर-गृहस्थी, दोनों की जर्जर हालत से अनभिज्ञ नहीं थी। ऊपर से युवा बेटी का दायित्व उसकी रातों की नींद छीन ले गया था।

इन्हीं दिनों निर्मला के जीवन में नरेश का प्रवेश हुआ। दसवीं पास नरेश मुम्बई की एक फैक्ट्री में काम करता था और निर्मला के पड़ोसी रामदीन का भांजा था। अल्हड़ उम्र के अनजाने आकर्षण में बंधी निर्मला उसकी ओर खिंचने लगी। नरेश की निगाह तो भोली-भाली निर्मला पर थी ही। ठीक उसी तरह जैसे समुद्र की सतह पर निश्चिन्त तैरती मछली पर बगुले की निगाहें गड़ जाती हैं। अभागी निर्मला को क्या ज्ञात था कि भविष्य के पिटारे में यही विडम्बना सर्प के रूप में बन्द है। उसकी स्थिति भी बगुले की चोंच में तड़फड़ाती मछली जैसी ही हो जाएगी।

उसका शराबी पिता पत्नी के तानों से तंग आकर बेटी के लिए वर की तलाश में तो जुट गया, पर एक दिन एक पुरानी कहावत को सार्थक कर ही गया- "जो पीता है, वो पिता नहीं।"

ईंट भट्टों का मालिक शिवराम भी परले दर्ज का शराबी था। कभी-कभी वो गोवर्धन को भी मुफ्त की शराब पिला दिया करता था। शिवराम के कर्जे में आपादमस्तक डूबे गोवर्धन की षोडशी बेटी पर शिवराम की नजर गड़ी हुई थी।

एक दिन शिवराम ने गोवर्धन से कहा, "अगर तू निर्मला की शादी मुझसे कर दे... तो मैं तेरा सारा कर्ज माफ कर दूंगा। और रोज मुफ्त की शराब पिलाऊंगा सो अलग।"

"ये आप क्या कह रहे हैं मालिक?"

गोवर्धन का सारा नशा हिरण हो गया था।

"देखो, इसमें तेरा ही भला है... मेरा क्या मुझे तो बीसियों लड़कियां मिल जाएंगी।" शिवराम की पैनी नजर गोवर्धन के रंग बदलते चेहरे पर गथ सी गयी थीं।

"मालिक, मेरी बेटी के तो भाग्य खुल जाएंगे। आप शादी पक्की समझिए।" खुशी से फूला गोवर्धन घर की चल पड़ा। अधेड़ शिवराम की पत्नी एक बच्चा छोड़कर चल बसी थी। वैसे भी मर्द की उम्र नहीं देखी जाती। थोड़ी उम्र ज्यादा है तो क्या हुआ। कम से कम दहेज का झंझट तो नहीं। शिवराम के प्रलोभन में गोवर्धन उसी तरह फंस गया था जैसे कीचड़ में गाय। "मुफ्त की शराब, बेटी का ब्याह, कर्ज भी माफ... वाह! इसे कहते हैं एक तीर से तीन शिकार।" गोवर्धन फूला नहीं समा रहा था।

निर्मला की मां ने पति की इस हरकत पर सिर पीट लिया। "तुम्हें पूरी दुनिया में एक शिवराम ही मिला? मैं अपनी बिटिया को सूली पर नहीं लटका सकती।" वो क्रोध से बोली।

"तो क्या मुझे सूली पर टंगा देखना चाहती है? अगर ये शादी नहीं हुई तो शिवराम घर तक नीलाम करवा देगा। फिर कहां जाएगी बेटी को लेकर सर छिपाने?" गोवर्धन चीखकर बोला।

दोनों का चीखना-चिल्लाना सुनकर रसोई में खाना पकाती निर्मला की आंखों में शिवराम का चेहरा उभर आया। नहीं... नहीं... वो भीतर तक कांप उठी। घुटनों में सर छिपाकर रो पड़ी। कुछ देर बाद उसकी मां रसोई में आयी। बेटी का विवर्ण चेहरा देखकर उसका मन भर आया। स्नेह से उसके सर पर हाथ फेरती हुई हुई वो बोली, "बेटी, जब तक मैं हूं तेरी शादी शिवराम से नहीं होगी। ये शराबी तो लगता है अपनी अक्ल भी बेचकर पी गया है।"

निर्मला के डूबते दिल को जैसे एक संबल मिल गया। डूबते को तिनके का सहारा। एक रात गोवर्धन घर आया तो उसके हाथ में दस हजार रुपये थे। नशे से लड़खड़ाती आवाज में उसने कहा, "शिवराम ने दिए हैं... शादी के लिए...। कल ही होगी शादी... कल रात आएगी मेरी बेटी की बरात...।" कहते-कहते वो बिस्तर पर ढेर हो गया। दोनों मां-बेटी सन्न रह गयीं।

शराब इंसान को कहीं का नहीं छोड़ती। किस हद तक गिरा देती है, खुद पीने वाला इंसान भी नहीं जानता। गोवर्धन की दशा इसी सत्य को बयान कर रही थी। उसे न पत्नी के दुख से मतलब था, न बेटी के भविष्य से कोई सरोकार। निर्मला और उसकी मां की समझ में नहीं आ रहा था कि किस के पास जाकर दुःखड़ा रोएं। जब अपना सिक्का ही खोटा हो, तो कोई क्या कर सकता है। निर्मला की मां ने पति का भरपूर विरोध किया, पर गोवर्धन ने उसकी एक न सुनी। शिवराम रात में बरात लेकर आ धमका। गोवर्धन अकेला ही शादी की तैयारी में लगा था।

"कहां है हमारी दुल्हन?" शिवराम के होंठों पर एक कुटिल मुस्कान थिरक उठी, जो उसके काईयापन को दर्शा रही थी।

तभी भीतर से तेजी से निर्मला बाहर आयी। उसने खींचकर एक तमाचा शिवराम के गाल पर धरते हुए कहा, "शर्म नहीं आती तुझे... अपनी बेटी की उम्र की लड़की से ब्याह रचाने आया है...? जा डूब मर चुल्लू भर पानी में।"

क्रोध से शिवराम का बुरा हाल हो गया। उसने आव देखा न ताव, पास ही पड़ी लाठी उठाकर निर्मला के ऊपर दे मारी। पीड़ा की तीव्रता से निर्मला बेहोशी के आगोश में समाती चली गयी। जब उसे होश आया, तो उसने खुद को शिवराम के घर पाया। यहीं से उसके जीवन में दुर्दशा का सूत्रपात हुआ। नशे में धुत शिवराम के आगे बेबस निर्मला जड़ सी हो गयी थी। ऐसा लगता था मानो शरीर निश्चेष्ट हो गया हो, जुबान कुंद पड़ गयी हो। एक बून्द आंसु नहीं गिरा निर्मला की आंखों से। दुर्दशा के दलदल में फंसी वो आपादमस्तक सिहर उठी थी। हफ्तों वो अपने अस्तित्व पर रोती रही। एक दिन बाहर का दरवाजा खुला पाकर, वो वहां से भाग निकली। जिन्दगी में वो शायद पहली बार इतना तेज दौड़ी थी। हांफती हुई वो अपने घर के दरवाजे पर आकर धम्म से बैठ गयी। गोवर्धन बाहर बैठा हुक्का गुड़गुड़ा रहा था। बेटी को देखते ही उसकी त्यौरियां चढ़ गयीं। "तू? तू यहां कैसे...? अगर शिवराम को पता चल गया तो तेरी खैर नहीं, जा वहीं लौट जा।"

"निर्मला... मेरी बच्ची हे भगवान! तेरी क्या दशा हो गयी? उसकी मां बिलख पड़ी।

"मेरी इस दशा का जिम्मेदार केवल ये है, ये।" निर्मला ने घृणा से गोवर्धन की तरफ देखा।

"मैं कहता हूं तू वापस लौट जा" गोवर्धन फिर चीखा, निर्मला ने पास ही पड़ी कुल्हाड़ी उठा ली।

"ये क्या कर रही है तू?" गोवर्धन का नशा छू मंतर हो गया था।

"मैं तुम्हारी तरह पतित नहीं बापू, जो तुम पर हाथ उठाऊंगी। पर मैं अपना जीवन तो खत्म कर सकती हूं न?" निर्मला ने कुल्हाड़ी कस कर पकड़ ली। तभी शिवराम गालियां बकता हुआ भीतर दाखिल हुआ।

"अच्छा, तो तू यहां है। चल... मेरे साथ चुपचाप चल... नहीं तो बहुत बुरा होगा।" निर्मला की आंखों में एक वहशत सी उभर आयी। उसने हाथ में पकड़ी कुल्हाड़ी के एक ही बार से शिवराम की गर्दन रेत डाली। उसकी मां हैरत से चीख पड़ी। शिवराम धरती पर गिरकर छटपटा रहा था। कुछ ही पलों में उसका शरीर निश्चेष्ट हो गया।

"ये क्या कर डाला तूने?" गोवर्धन हैरत से चीख पड़ा।

सन्नाटे में खूबी निर्मला की मां को जब होश आया तो उसने बेटी के हाथ से कुल्हाड़ी छीन ली, उसे बाहर धकेल दिया। "जा... भाग जा यहां से... नहीं तो पुलिस,...मैं सारा इल्जाम अपने ऊपर ले लूंगी।"

बदहवास निर्मला सीधा नरेश के घर पहुंची। नरेश सारी बात सुनकर स्तब्ध रह गया। उसने निर्मला का हाथ थामकर कहा, "हमें तुरन्त यहां से निकल जाना होगा। नहीं तो पुलिस"।

निर्मला अवश सी उसके साथ जीवन के उस रास्ते पर चल पड़ी जहां कदम-कदम पर कीचड़ था। उसने नर्क का ऐसा स्वरूप देखा जिसकी कल्पना मात्र इंसान को सिहरा जाती है। नरेश कुछ दिन तो निर्मला के साथ रहा। फिर एक दिन मुम्बई दिखाने के बहाने बाहर ले गया। घूमते-फिरते रात घिर आयी, तो नरेश उसे अपने एक रिश्तेदार के घर बैठाकर टैक्सी लाने के बहाने जो वहां से गया, फिर लौट कर नहीं आया।

बाद में निर्मला को पता चला कि उसे पचास हजार रुपये की खातिर इस कोठे पर बेच दिया गया है। संज्ञाशून्य

निर्मला की आत्मा कराह उठी, "इससे तो अच्छा होता, मैं जेल में होती... अभागी मेरी मां मेरे किए का दण्ड भोगेगी। और मैं अपने पिता के किए का दण्ड भोगूंगी। वाह रे नियति! तू खूब छलती है नारी को।" वो फूट-फूटकर रो पड़ी।

उसने बहुत विरोध किया। पर उसका भी ही हश्र हुआ जो छल से कोठे पर पहुंचा दी गई दूसरी लड़कियों का होता है। अपने नारीत्व, अपने आत्मस्वाभिमान और अपनी अस्मिता को तार-तार होते देखा निर्मला की। वेदना से भरी आंखें बदलियां बन गयी थी। कभी-कभी वो सोचती, "क्या मुझे इस स्थिति में पहुंचाने का दोषी केवल नरेश है? नरेश ने तो परिस्थिति का लाभ उठाया। असली दोष तो मेरे शराबी पिता का है। सच, शराब एक ऐसी चीज है जो पीने वाले के साथ-साथ उसके परिवार वालों का सुख भी लील जाती है।"

निर्मला का जीवन एक अनजान डगर पर नियति के ईशारे पर खिंचा चला जा रहा था। उसे तो अभी बहुत कुछ सहना था। एक रात उस मुहल्ले में पुलिस की रेड पड़ी। पुलिस ने कोठे से निकालकर उसे एक महिला आश्रम के दलदल में धकेल दिया। अथाह कूंए में पड़ी निर्मला गहरी खाई में धकेल दी गयी थी। यहां की स्थिति भी वैसी ही थी। सदियों से स्त्री अनचाहा झेलती रही है। जो काम वो करना नहीं चाहती, जिस नर्क में वो फंसना नहीं चाहती, दूसरों की करनी उसे वहीं पहुंचा देती है। यही तो विडम्बना है। नारी हमेशा से दूसरों के कुकृत्यों का दण्ड झेलने पर विवश है।

धीरे-धीरे निर्मला का मानसिक सन्तुलन डगमगाने लगा। कभी वो उठाकर हंस पड़ती, तो कभी फूट-फूटकर रो पड़ती। न अपने वस्त्रों का होश रहता, न बनाव श्रृंगार का। ऐसे में भला इस महिला आश्रम में उसका क्या काम था? समाज के तथाकथित सफेदपोशों की आरामगाह ये महिला आश्रम अब निर्मला जैसी विक्षिप्त नारी को संभालने में अक्षम था। एक रात महिला आश्रम का दरवाजा भी निर्मला के मुंह पर बन्द हो गया।

दर-दर की ठोकरें खाती निर्मला बदन पर चीथड़े लपेटे यहां-वहां घूमती रहती। एक दिन रेलवे स्टेशन पर भटकती हुई वो एक ट्रेन में सवार होकर कोलकाता जैसे महानगर की भीड़ में खो गयी। इतने बड़े शहर में जहां इंसान को अपना ही होश

नहीं रहता, भला निर्मला की फिक्र किसे होती? वो कभी सड़कों पर घूमती रहती, कभी पुल के नीचे पड़ी रहती। फिर एक दिन बदहाल निर्मला को ममता की छांव मिली, अरुणा देवी के नारी निकेतन में।

निर्मला की कहानी सुनकर अरुणा देवी का हृदय दुख से भर आया था। उन्होंने रूंधे कंठ से पूछा, "मां की याद आती है न? और तुम्हारे छोटे भाई क्या उनके लिए भी लौटना नहीं चाहती?"

"नहीं दीदी, मां शायद मेरे कृत्य का दण्ड झेलती किसी जेल में होगी... या फिर वहीं मर गयी होगी। अब मेरे लिए घर में क्या धरा है। क्या आपको लगता है समाज मुझे अपना लेगा? मैं आपके पांव पड़ती हूं दीदी, मुझे यहीं किसी कोने में जगह दे दीजिए। अगर मैं एक भी अबला की सेवा कर सकी, तो अपना जीवन सफल मानूंगी। जिस शरीर से मुझे घृणा है... उस शरीर को दूसरों की सेवा में लगाकर शायद मेरी आत्मा पर लगे घाव कुछ कम होंगे।" वो बिलख-बिलखकर रो पड़ी।

देखो निर्मला...

"दीदी, मुझे तुलसी ही रहने दे। "तुलसी" जैसा पावन नाम मुझे देकर आपने मेरे अपवित्र अस्तित्व को पवित्र बना दिया है। मेरे भीतर फिर से जीने की उमंग पैदा हुई है... मैं इसी चारदीवारी में रहना चाहती हूं. मुझे नहीं जाना दीवारों के उस पार।" वो अरुणा देवी के कंधे से लिपट गयी। स्नेह से उन्होंने उसे अपने अंक में भींच लिया।

तुलसी ने भीगी आंखों से नारी निकेतन की चारदीवारी की ओर देखा। उसे लगा अब वह सुरक्षित है। दीवारों के उस पार की घृणित दुनिया से उसे छुटकारा जो मिल गया था।

पंचनामा

बालूटोला एक छोटा सा गाँव है। अपने नाम को सार्थक करता हुआ, देश के आम देहाती गाँव जैसा ही। टूटी-फूटी सड़कें, गंदी नालियाँ, कच्चे-पक्के घर और गलियों में बीसियों की तादात में दौड़ते बच्चे, जगह-जगह खूटे से बंधी गायें, भैंसे... बिखरा गोबर... आसपास टहलती बकरियाँ... फुदकती मुर्गियाँ... लड़ती-झगड़ती औरतें... सब कुछ वैसा ही तो है।

इस बस्ती में ज्यादातर दिहाड़ी मजदूर और रिक्शे-ठेले वाले रहते हैं। मर्द तो दिन में काम करने बाहर चले जाते हैं, और औरतें घर का काम-काज निपटाकर किसी-न-किसी के दरवाजे पर झुंडों में बैठी दीन-दुनिया की बातों में मगन रहती हैं।

पर इधर कुछ दिनों से गाँव की औरतों की चर्चा का केन्द्र बिन्दु थी, करीम ठेलेवाले की षोडसी बेटी समीना। सामान्य नैननक्श और साँवले रंग की समीना के चेहरे पर इतनी लुनाई तो जरूर थी कि सामने वाला क्षणभर को तो ठिठक ही जाए। वह रोज छोटे भाई सलीम के साथ घास काटने खेतों में जाती थी और सूरज चढ़ने पर घर लौटती, तो माथे पर लकड़ियों और पत्तों का गट्ठर होता।

बूढ़ा लाचार करीम अब ठेला कहाँ खींच पाता है, दिन-रात घर में बैठा खांसता रहता है, पुराने दमे का रोगी है उसे पता है यह रोग कब्र में ही छूटेगा। उसे एक ही चिन्ता खाये जाती थी, मैं गरीब कैसे समीना की शादी करूंगा? आँगन के पेड़ पर जब फल लगते हैं तो आस-पास की दीवारों को लांघ पत्थर आने ही लगते हैं। कल ही तो मजीद मियाँ ने टोका था, "करीम भाई, बिटिया सयानी हो गयी... कहीं बात चलायी भी है या नहीं? बेटियों को ज्यादा वक्त घर में रखना ठीक नहीं... जमाने की हवा का तो तुम्हें पता ही है।"

करीम समझ नहीं पाता क्या जवाब दे? रुपया-पैसा, धन-दौलत के नाम पर फूटी कौड़ी नहीं, टूटी-फूटी छप्पर है सर पर कौन आयेगा बेटी का हाथ माँगने? कहाँ से दे पायेगा वह भारी दहेज? बूढ़े बाप की लाचार आँखों में आँसू की तरह हमेशा समीना कौंधती रहती थी।

आजकल पूरे गाँव की औरतों की निगाहें समीना पर कुछ ज्यादा ही पड़ने लगी थीं। उसे देखकर महिलाओं में फुसफुसाहट मच जाती एक दूसरे को प्रश्नवाचक निगाहों से देखती हुई, उनके अधरों पर विद्रूप सी मुस्कान खिल उठती।

हँसमुख समीना कुछ मुरझा सी गयी थी। आजकल वह अपने ही मुहल्ले की औरतों से जिन्हें वह स्नेहवश ताई, खाला, चाची और आपी कहती आयी है, आँख भी नहीं मिला पाती है उसे पता है, उसके शरीर में कुछ अनजाने परिवर्तन हो रहे हैं। उसे यह भी पता है कि औरतों की निगाहें उसके शरीर के एक खास हिस्से पर ज्यादा ही पड़ने लगी हैं। फिर भी वह सर झुकाये चुपचाप कतराकर निकल जाना चाहती है। पर एक दिन अख्तरी खाला ने उसका रास्ता रोक ही लिया। आँखें तररेकर पूछा "क्योंरी, आजकल किस गुलगपाड़े में खोई रहती है? और बता तो जरा, ये पेट इतना क्यों निकल आया है? कल देर रात तक उल्टियाँ क्यों करती रही थी मरी...?"

वो बेतरह घबरा उठी। थरथराते हुए बोली, "वो खाला... मुझे... मेरा हाजमा थोड़ा खराब...।"

"चुप बेहया... सच-सच बोल, किस का पाप ढो रही है? मुई, बूढ़े बाप की इज्जत का जनाजा क्यों निकाल रही है...?"

समीना फूट-फूट कर रो पड़ी। "वो... मार डालेगा खाला, उसने कहा था... किसी से कहा तो... हँसिये से चीर डालूंगा तुझे... तेरे बाप और भाई को...।"

"तू नाम तो बता, फिर देख हम औरतें क्या करती हैं, आज की औरत कमजोर थोड़े ही है" पाँचवी पास रेशमा आपा गुस्से से फूट पड़ीं।

"हाँ, बता बेटी कौन है वो मुआ?" बूढ़ी चाची ने उसके सर पर हाथ फेरते हुए पूछा।

"वो... अताउल्लाह...।"

ऐसा लगा जैसे पास में ही कहीं बम फटा हो औरतें हैरत से चीख पड़ी, "अब्दुल सत्तार का बेटा अताउल्लाह?"

समीना की झुकी बेबस निगाहों ने इस नाम की पुनः स्वीकृति दे दी।

अब्दुल सत्तार इस टोले का सबसे धनवान व्यक्ति था। ईटों की भट्टियों से उसने खूब पैसा बनाया था। उसके पाँच बेटों में अताउल्लाह सबसे छोटा था। बाप का मुँह लगा था, जो चाहता वही करता कुछ दिनों से उसकी निगाह समीना पर थी। एक दोपहर जब वह घास का गट्ठर सर पर लिए घर लौट रही थी, अताउल्ला ने उसका रास्ता रोक लिया था और वह भरी दोपहरी काली रात बनकर उसके जीवन में ग्रहण लगा गयी थी। जिन्दगी चले जाने का भय अस्मत पर हावी हो गया। इज्जत गँवाने की अपार पीड़ा पर भयभीत समीना आँसू भी नहीं वहा पायी। टूटी, थकी-हारी घर पहुँची और एक अँधेरे कोने में बैठ अपनी किस्मत पर आठ-आठ आँसू रोयी। नन्हा सलीम भी रोया, पर बहन ने उसे भी किसी को कुछ बताने को मना कर दिया था।

सलीम तो कुछ ही दिनों में इस घटना को भूल गया, पर समीना के माथे का अनचाहा कलंक धीरे-धीरे सबकी निगाहों में आ ही गया। कहते हैं न, गर्भ और प्रेम लाख छिपाने पर भी नहीं छिपते।

बूढ़े करीम ने सुना तो सर पीट लिया। पास ही पड़ी लाठी उठाकर बेटी की पीठ पर दे मारी। "बेहया... बेगैरत... दूर हो जा मेरी निगाहों के सामने से... मैं तेरी मनहूस शक्ल नहीं देखना चाहता। या अल्लाह! क्यों ऐसी औलाद दी...?"

जमीन पर बैठी समीना घुटनों में सर छिपाए जार-जार रो रही थी। मन में उथल-पुथल मची हुई थी। "अब्बा... इसमें मेरा क्या दोष?"

नसीबन बुआ चुप न रह सकी, "इसे क्यों मार रहे हैं भाईजान? ये क्या अपनी मर्जी से गयी थी? मुए ने हँसिये का डर दिखाया था। हमें लड़के के घर चलना चाहिए आखिर गाँव की बहु-बेटियों को उसने क्या समझ रखा है?"

तेज-तर्रार नसीबन बुआ पूरे टोले की औरतों की आवाज थीं। तीसमारखाँ बनने वाले मर्द भी बुआ से आँखें चुराते थे। क्या मजाल जो वह नाक पर मक्खी भी बैठते दे।

आगे-आगे करीम मियाँ और पीछे मर्द और औरतों का हुजूम आते देखकर अताउल्लाह चुपचाप घर के पिछवाड़े से खिसक गया। जब मन में पाप हावी हो जाता है तो इन्सान किसी से भी निगाहें मिलाने की हिम्मत खो देता है।

अब्दुल सत्तार ने बेटे की करतूत सुनकर भी अनसुनी कर दी। "मेरा बेटा ऐसा कर ही नहीं सकता। दूसरे का पाप मेरे बेटे के सर मढ़कर क्यों खामखाह उसे बदनाम करने पर तुली हो?"

"देखो मियाँ, मैं पंचायत बिठाऊंगा..." करीम चीखा।

"जो करना है करो, डरता कौन है?" अब्दुल सत्तार मुँह बनाकर भीतर चला गया।

दूसरे दिन पूरे टोले में गहमा-गहमी थी। जिसे कल तक पता नहीं था, वे सब समीना की बाबत जान गये थे। कुछ समीना के दुर्भाग्य पर अताउल्लाह को जमकर कोस रहे थे, कुछ उसका पक्ष लेकर करीम पर पैसा ऐंठने की चाल चलने का आरोप लगा रहे थे।

खैर पंचायत बैठी। पंचों के सामने शर्म से पानी-पानी समीना ने सुबकते हुए जो बयान दिया, उसे सुनकर सबको जैसे साँप सूंघ गया। औरतें सामने बैठे अताउल्लाह को आग्नेय दृष्टि से देखने लगीं। मानो आँखों ही आँखों में कच्चा चबा जाएंगी।

पंचों ने पूछा "लड़के, क्या ये लड़की सच बयान कर रही है?"

"वो... वो...।"

"बोलते क्यों नहीं?"

"जी... वो... मैं..."

"साफ-साफ कहो।"

"मुझे माफ कर दीजिए मैं उस वक्त अपने होशो-हवास में नहीं था" अताउल्लाह ने हाथ जोड़कर गिड़गिड़ाते हुए कहा।

तुम्हें माफ कर देने से क्या इस लड़की की लुटी अस्मत वापस मिल जायेगी? तुम्हारे होश-हवास खोने का दंड ये लड़की क्यों भोगे? पंच राधेश्याम ने कहा।

"करे कोई भरे कोई" बूढ़ा करीम कोफ्त से बोला।

"पंचों का जो भी फैसला होगा, हमें मान्य है।"

इस बार अब्दुल सत्तार बोला।

जन समुदाय में फुसफसाहट मच गयी। नसीबन बुआ ने

तनिक जोर से कहा, "अब आया ऊँट पहाड़ के नीचे।"

थोड़े विचार-विमर्श के बाद पंचों ने फैसला सुनाया।

"चूंकि समीना तीन माह की गर्भवती है, इसलिए अताउल्लाह इसके साथ निकाह कर ले।"

"निकाह...।" दोनों पिता पुत्र के होश उड़ गये। ऐसा लगा जैसे पाँवों तले जमीन खिसक गयी हो। अताउल्लाह ने जिस लड़की को हँसिये का भय दिखाकर अपनी पिपासा का शमन करने के लिए बाध्य किया था, वही लड़की अब उसे अस्पृश्य, अनपढ़ और देहाती लगने लगी थी। उसने सोचा, निकाह का अर्थ होगा मेरी हार। तब तो ये छोटे लोग और सर चढ़कर बोलेंगे। हमारी इज्जत दो कौड़ी की नहीं रह जाएगी।

समीना ने आशापूर्ण दृष्टि से उसे देखा। काश ये हाँ कह दें, तो मेरा और पेट में पलते बच्चे का जीवन संवर जाए। तभी उसकी सोच पर विराम लग गया। एक शब्द "नहीं उसके कानों में कौंधा और क्षण में उसकी आबरू को मिट्टी में मिला गया। ठीक उसी तरह जैसे विशाल शिलाखंड को भूकम्प का एक छोटा, पर शक्तिशाली झटका धूलधूसरित कर देता है।

"नहीं, मैं इससे निकाह नहीं करूंगा" अताउल्लाह की दो टूक बयानी सुनकर सारा जनसमूह सकते में आ गया। पाँचों वक्त के नमाजी जमील मियाँ ने ललकार कर कहा, "नासपीटे, एक लड़की की जिन्दगी तबाह कर दी, इसका जरा भी मलाल नहीं तुझे? क्या पंचों का भी लिहाज नहीं रहा?"

"तो तुम्हारे पेट में क्यों दर्द हो रहा है?"

अब्दुल सत्तार ने बेटे का लेते हुए कहा। फिर तो दोनों में वह वाकयुद्ध शुरू हुआ जिसकी मिसाल नहीं दी जा सकती। नौबत हाथापाई पर पहुँचने ही वाली थी, कि कुछ लोगों ने बीच-बचाव कर दिया।

औरतों में खुसर-फुसर पूरे उफान पर थी।

"हाय, अभागी... न जाने इसका क्या होगा?"

"बेचारी किस अजाब में फँस गयी?"

नसीबन बुआ ने भीगी आँखों और भरे गले से जैसे अपने आप से कहा, "मरी किस्मत कहूँ या बदकिस्मती... मैं

दस साल से एक औलाद को तरस रही हूं... और इसे... ऐसे हालात में...? या अल्लाह रहम कर।"

औरत और धरती में कोई फर्क नहीं होता। दोनों को हमेशा से अनचाहा झेलना पड़ा है। विधाता ने माँ बनने का अपरिमित सुख औरत को देकर उसे पूजनीय तो बनाया है, पर पुरुष उसके इस पूजनीय रूप को दूषित करने में तनिक भी नहीं हिचकता। इच्छा या अनिच्छा से बोऐ गये बीच धरती की कोख से फल-फूलकर फूटते ही हैं। धरती की उर्वरता में तनिक भी कमी नहीं आती। औरत की स्थिति भी धरती से भिन्न नहीं, क्या औरत की मातृत्व क्षमता उसका दोष है? यदि नहीं, तो फिर क्यों झेलती है वह किसी दूसरे के कुकृत्य का दण्ड? क्यों उसे शारीरिक संत्रास झेलने के बाद सामाजिक और मानसिक पीड़ा भी भोगनी पड़ती है? आखिर क्यों?

अताउल्लाह की मनाही से पंचों में विचार-विमर्श होने लगा। पंच अहमद मियाँ ने कहा "पंचायत अब परसों बैठेगी। तब तक सोच-विचार कर ले लड़के।" आज और परसों के बीच एक "कल" होता है। जिसका अपना कोई अस्तित्व नहीं होता। चूँकि आज है इसलिए कल भी होगा। वह आज के साथ इस कदर जुड़ा होता है, जैसे पानी के साथ प्यास, और वही कल कभी-कभी आज के रूप में प्रश्नचिन्ह बनकर सामने खड़ा हो जाता है।

जिस सुबह पंचायत बैठनी थी। उस रात करीम के दरवाजे पर दस्तक हुई। पिता-पुत्र सामने खड़े थे। साथ में आठ-दस ग्रामीण भी थे। करीम के मन में आशा की नन्हीं सी किरण फूटी, शायद इन्हें अपने किये का अफसोस है। उसने आदर से उन्हें बैठाया।

देखो करीम मियाँ, हमारा तुम्हारा कोई मेल नहीं निकाह की बात भूल जाओ। बच्चों से भूल हो ही जाती है... दस हजार रुपये ले लो... और इसे माफ कर दो। ये तो हमारी नेकदिली है कि हमारे बेटे ने गुनाह कुबूल किया... अगर हम अड़ जाते तो...? अब्दुल सत्तार ने दुनियादारी दिखाई।

"निकल जाओ मेरे घर से, गरीबों की इज्जत इतनी सस्ती तो नहीं कि तुम रुपयों में तौल लोगे।" चीख-चीख कर बूढ़े करीम के चेहरे की झुर्रियाँ और गहरा गयीं। समीना का साँवला रंग और स्याह हो गया।

फिर पंचायत बैठी, काफी तक-वितर्क के बाद पंचों ने फैसला दिया, "अताउल्लाह ने अपना गुनाह कुबूल कर लिया है, ये अच्छी बात है पर वह निकाह से इंकार करता है... इसलिए पंचों ने बीच का रास्ता अख्तियार किया है...।"

"निकाह के सिवा बीच का रास्ता और कौन-सा है" बूढ़े करीम ने पूछा।

"देखिए बुजुर्गवार, आप पंचों के बीच में ना ही पड़ें तो अच्छा होगा। पंच भला-बुरा समझते हैं।"

पंचों ने अपना फैसला आगे सुनाया।

"हाँ, तो बीच का रास्ता ये है, कि अब्दुल सत्तार दस कट्ठा जमीन समीना के नाम कर दे। जिससे समीना और उसकी आने वाली संतान की परवरिश हो सके। एक सप्ताह के अंदर जमीन रजिस्ट्री कर दी जाय। नहीं तो अताउल्लाह और उसके पिता के खिलाफ सख्त से सख्त कार्यवाही की जायेगी। पंचनामें की छायाप्रति करीम मियाँ को भी दे दिया जाए।"

"क्या ये न्याय है?" बेबस पिता बेकल हो उठा। समीना गश खाकर वहीं गिर पड़ी। आपा ने समीना को उठाकर सीने से लगा लिया, और रो पड़ी, "हाय, औरत की किस्मत हमेशा एक जैसी ही होती है... चाहे वह अमीर हो या गरीब।"

दूसरे दिन पंचनामें की एक प्रति करीम मियाँ के घर भी पहुँच गयी। समय कभी नहीं थमता घड़ी के काँटे की टिक-टिक के साथ हर क्षण हाथों से सरकता जाता है और कभी-कभी तो कपूर की तरह उड़ भी जाता है। समीना को भी ऐसा ही लगा। कैसे छः महीने बीत गये पता ही नहीं चला।

इन छः महीनों में कुछ नहीं बदला। समीना को न रुपये मिले, न जमीन की रजिस्ट्री उसके नाम से हुई। गुहार लगा-लगा कर थक चुका बूढ़ा करीम एक रात सोया तो सुबह उठा ही नहीं।

अब समीना की आँखों से आँसू भी सूख चुके हैं आँखें ऐसी नजर आती हैं जैसे रेगिस्तान की बंजर जमीन का सन्नाटा उसमें पसर गया हो। हाँ एक चीज मिली है उसे, इस घटना के पुरस्कार के रूप में... उसकी नन्हीं सी बेटी। जिसे जन्म देने का दर्द समीना को अपनी लुटी अस्मत से भी ज्यादा महसूस होता

है। बालूटोला में औरतों का झुंड अब भी बैठता है। अब भी समीना पीठ पर बेटी को बाँधे, भाई का हाथ थामे, टेढ़ी-मेढ़ी पगडंडियों पर जिन्दगी का भार ढोते चलती है। उसकी लुटी अस्मत के एवज में मिला "पंचनामा"उसके बक्से में आज भी तह करके रखा हुआ है। वह महज कागज का टुकड़ा नहीं, उसकी इज्जत का माखौल है... उसके बूढ़े पिता की मौत है... उसकी नन्हीं बेटी का पथरीला भविष्य है... शायद औरत होने का दण्ड है या फिर यह "पंचनामा" नारीत्व के मुँह पर लगा सामाजिक षड़यंत्र का एक तमाचा है?

चाँप

सत्य कितना कड़वा होता है, इसका अहसास आज अनुराधा को तीव्रता से हो रहा था। कभी-कभी सत्य किरकिरी की भांति आँखों में चुभने लगता है। इन्सान हैरान-परेशान होकर किरकिरी को जल्द से जल्द निकाल फेंकना चाहता है। किरकिरी तो निकल आती है, पर साथ ही निकल आते हैं, ढेर सारे आँसू भी... जो मन में चुभ रही वेदना के साक्षी होते हैं।

आज अनुराधा को भी एक ऐसे सत्य का प्रत्यक्ष दर्शन हुआ है, जो उसकी आँखों में चुभ रहा है। क्या करे वो? क्या सच्चाई बयान करने की हिम्मत है उसमें? क्या समाज "सच"को सच मानेगा? झूठ की गहरी खाई में गहरे डूबा सच, उस निरीह गाय की तरह होता है, जो पंक में आपादमस्तक धंसती जा रही हो।

एक दैनिक समाचार पत्र की संवाददाता अनुराधा स्वयं को बहुत हिम्मती और आत्मविश्वासी मानती थी। पर अपने ननिहाल में सद्यः घटी एक घटना ने उसके हृदय को आंदोलित कर दिया था। मन में कई प्रश्न नागफनी सा सर उठाने लगे थे।

नियति भाग्य कर्म परिस्थिति समाज... परिवार... परिवेश और हृदय के हाथों मजबूर इन्सान क्या कुछ झेलने पर विवश नहीं हो जाता।

वैसे तो हर नारी का जीवन एक कहानी ही है। जीवन में आये कुछ दुर्गम मोड़ ही तो कथा संसार के सर्जक होते हैं। किसी-न-किसी दुविधा को झेलते, उससे उबरने का यथाशक्ति प्रयत्न करते इन्सान की मनःस्थिति ही तो कहानी के मूल में होती है।

पर अनुराधा की कलम आज मौन है। क्या लिखे? और क्यों लिखे? लिखने से क्या होगा? क्या समाज में प्रचलित घृणित मान्यताएं, रूढ़ियों से आबद्ध परम्पराएं शब्द बाणों से तनिक भी आहत होंगी? नहीं न...? तो फिर क्यों व्यर्थ में पन्ने रंगें जाय? अनुराधा का मन खिन्न था।

बात ज्यादा पुरानी नहीं थी। उसका ननिहाल भी तो आम गाँवों जैसा ही एक गाँव है। विभिन्न टोलों में बंटा

हुआ... विभिन्न जाति के लोगों का मिला-जुला आश्रय स्थान। पर एक दिन... गाँव में... इस उच्च जाति बहुल गाँव में... कुछ ऐसा घट गया... कि लोगों से न चुप रहते बनता था, न कुछ कहते ही बनता था। सबको जैसे साँप ही सूंघ गया था। पाँव तले जैसे जमीन खिसक गयी थी। आखिर क्या हुआ था, उस गाँव में? जानकारी के लिए विगत का आश्रय लेना होगा। सिर्फ तीस दिन पहले उच्चवर्गीय और स्वयं को श्रोत्रिय कहने में गर्व महसूस करने वाले गाँव के मुखिया जटाशंकर के दरवाजे पर एक गुप्त मंत्रणा हो रही थी। "ये ठीक नहीं हुआ कृपा बाबू।"पंडित जटाशंकर ने अपने माथे पर हाथ फेरते हुए कहा।

"यही तो मैं भी सोच रहा हूँ... इसका कोई दूसरा हल भी निकाला जा सकता था।" कृपाशंकर जी ने कहा, तो वहीं बैठे नवीनचन्द चुप नहीं रह सके मुँह पर एक विद्रूप सी मुस्कान सजाते हुए बोले- "इसका कोई दूसरा हल हो ही नहीं सकता। रामाधार ने बिल्कुल ठीक किया।"

क्या खाक ठीक किया, कल जब गाँव में पुलिस के कदम पड़ेंगे, तब हमारी मान-मर्यादा मिट्टी में मिल जायेगी न? किसी एक व्यक्ति का कुकृत्य हमारी सम्पूर्ण जातीयता पर... हमारे उच्च संस्कारों पर... हमारे सम्मान पर कालिख मल देगा या नहीं? पंडित जटाशंकर ने विफर कर कहा।

"तो अब हमें करना क्या चाहिए?" अब तक चुप बैठे विश्वनाथ पाठक ने तनिक जोर से पूछा।

"मेरे विचार से इस बात की यहीं दबा देना चाहिए।"

"कैसे?" कई जोड़ी निगाहों में सवाल था। पंडित जी ने अपने विश्वस्त नौकर को बुला कर आदेश दिया,

"रामू, जा रामाधार और मदनेश्वर को तुरन्त बुला ला... कहना मैंने तुरन्त बुलाया है।"

थोड़ी ही देर में दोनों बाप-बेटे सहमें से पंडित जी के आँगन में खड़े थे।

"अरे अभागों, ऐसा नीच कर्म करने से पहले थोड़ा सा भी सोचा क्यों नहीं? क्या पुलिस बुलानी है गाँव में?"

"अब आप ही बचा सकते हैं पंडित जी, दोनों घिघियाने लगे।"

"हुँह...! देखो..., अब एक ही उपाय शेष है। तुरन्त "लाश" का अंतिम संस्कार कर देते हैं। बाद में गाँव वालों से कह दिया जायेगा कि जानकी हैजे से मर गयी।" पंडित जटाशंकर ने फिर से माथे पर अपना हाथ फिराया।

पंडित जटाशंकर का निर्णय सुनकर क्षणभर के लिए वहाँ मौन उसी तरह पसर गया, जैसे सरसों से भरी बोरी अचानक खुल जाने पर आँगन में सरसों के दाने सर्वत्र पसर जाते हैं।

अब तक आँगन में एक कोने में मूक दर्शक बनी बैठी भागवन्ती सहसा चीख पड़ी।

"ये तो अन्याय है पंडित जी...।" उसकी आँखों से धराप्रवाह अश्रुपात हो रहा था।

तुम्हारी बेटी ने अपनी करनी की सजा भोगी है भागवन्ती... अब कुछ नहीं हो सकता। दोषी रामाधार नहीं... जानकी थी। पंडित जटाशंकर ने रोष में आकर कहा।

"और नहीं तो क्या, मेरे बेटे ने तो कुल की मिट्टी पलीद होने से बचाव किया है। मर्यादा की रक्षा की है... नहीं तो जानकी ने कौन-सी कसर छोड़ी थी नाक कटवाने में...?" चैन की साँस लेता मदनेश्वर भी जोर से बोल पड़ा था। भागवन्ती रो-रो कर हलकान हुई जाती थी।

कुछ ही पलों में सभा विसर्जित हो गयी। भागवन्ती का हृदय विदारक रूदन सुनने वाला वहाँ कौन था? आनन-फानन में ये बात पूरे गाँव में फैल गयी, कि रात जानकी हैजे से मर गयी। कुछ उल्टियाँ हुई... दस्त हुए... और बेचारी जानकी।

दाह संस्कार में पूरा गाँव उमड़ पड़ा। जिस तरह दुर्गन्ध से बचाव के उद्देश्य से राह में पड़े मल को घास-फूंस या मिट्टी से ढंक दिया जाता है, ठीक उसी तरह रामाधार और मदनेश्वर के "नीच कृत्य" को समाज के तथाकथित सभ्य लोगों ने "कुल की मर्यादा" रूपी चादर से आवृत्त कर दिया। साथ ही जानकी की "अकाल मृत्यु" पर लोगों की सहानुभूति भी अर्जित कर ली।

"इसे कहते हैं, एक तीर में से दो शिकार...। पाप के साथ पापी गया... और कुल की प्रतिष्ठा भी कलंकित नहीं हुई। पर भागवन्ती से कहना अपना मुँह बंद रखे, इसी में उसकी भलाई है।" पंडित जटाशंकर ने मदनेश्वर से कहा।

"उसकी क्या मजाल जो चूं-चपड़ करे। दो वक्त की रोटी का आसरा भी हाथ से जाता रहेगा। दर-दर की ठोकरों से बचना चाहती है, तो चुप रहना ही पड़ेगा।" रामाधर की आँखें क्रोध से लाल हो उठी थीं।

जानकी के दाह-संस्कार के बाद से किसी ने उसकी माँ भागवन्ती को बोलते हुए नहीं सुना। लोग अफसोस जाहिर करते, बेचारी... जवान बेटी की मौत का सदमा झेल नहीं पायी। चलती-फिरती लाश में तब्दील हो गयी भागवन्ती।

एकादशा... द्वादशा... तेरहवी... मछली-माँस फिर पूजा सभी सम्पन्न हो गये, जानकी का नामोनिशान मिट गया पर भागवन्ती के आँसू नहीं रुके। दिन-रात पहाड़ी के ऊँचे छोर से गिरते झरने के अनवरत प्रवाह जैसे उसके आँसू... थमे नहीं। किसे फिक्र थी उसके आँसुओं की? सुबह-शाम देवरानी सामने खाना पटक जाती। अब भागवन्ती की इच्छा, खाये अथवा न खाये। उसकी हालत बिगड़ती जा रही थी। आखिरकार एक दिन उसने बिस्तर पकड़ ही लिया। अन्न-पानी सब कुछ छूटता जा रहा था। बस एक ही चीज थी, जो साथ निभाये जा रही थी। और वो थी उसकी वेदना... जो आँसुओं के रूप में अविरल प्रवाह में निस्सृत होती रहती थी। भागवन्ती की बड़ी ननद की बेटी अनुराधा दिल्ली के एक अखबार में काम करती थी। जानकी की असमय मृत्यु की खबर सुनकर वो भी माँ के साथ ननिहाल चली आयी थी उसकी खोजी निगाहों ने मृत्यु की बाहों में जाती मामी की वेदनापूरित दृष्टि में एक अनकहा दर्द पढ़ लिया था। एक रात कमरे में किसी को न पाकर उसने प्यार से भागवन्ती का जर्जर हाथ सहलाते हुए पूछा,

"मामी... पता नहीं क्यों... मुझे ऐसा लगता है कि तुम कुछ कहना चाहती हो। मुझसे कहकर अपना जी हल्का कर लो। मामी आत्मा पर बोझ लेकर मत जाओ मामी। तुम्हारे मन में जो अंतर्द्वन्द है उसे बाहर निकाल दो... मैं भी तो तुम्हारी जानकी जैसी ही हूँ न...?"

भागवन्ती के अधरों में महीने भर बाद कम्पन हुआ। अस्पष्ट से कुछ शब्द कमरे में तैर उठे... "उसे मार दिया... सबने मिलकर... हैजा नहीं... रामाधार ने मार दिया... मेरी बच्ची को मदन ने, मार दिया। जानकी...! जानकी...!" बिलख

पड़ी थी भागवन्ती सन्न रह गयी थी अनुराधा ऐसा महसूस हो रहा था मानो अंगारों पर पाँव पड़ गया हो। क्या कह रही हैं मामी? जानकी की मृत्यु नहीं हुई... हत्या हुई थी?

भागवन्ती की आँखें बहती गयीं... पीड़ा निस्तृत होती गयी... फिर परतें खुलती गयीं और अनुराधा को ऐसा लगा जैसे वो एक तिलिस्म में फंसती जा रही है... जहाँ असंख्य द्वार हैं... पर बाहर जाने का रास्ता लाख खोजने पर भी नहीं मिल रहा। जगह-जगह गहरी खाईयाँ विशाल, गह्वर और कंटकाकीर्ण मार्ग हैं...। एक ऐसी जगह, जहाँ पहुँचकर मनुष्य की बुद्धि और चेतना दोनों उसका साथ छोड़ने लगते हैं, अनुराधा उसी स्थान पर स्वयं को लाचार खड़ी पा रही थी। और सच था...

जानकी बचपन में ही पितृ स्नेह से वंचित हो गयी थी। पिता विश्वेश्वर पाठक की मौत सर्पदंश से होने के बाद दोनों माँ-बेटी के भाग्य को भी मानो सर्प का विष व्याप्त गया था। पितृ विहीन जानकी चाचा मदनेश्वर के संरक्षण में पलने लगी।

मदनेश्वर के दो बेटे और तीन बेटियाँ थीं। अपनी तीनों बेटियों के ब्याह के बाद मदनेश्वर ने अपनी तेरह वर्षीया भतीजी का विवाह भी आनन-फानन में पास के गाँव में ही तय कर दिया।

बेटी के विवाह की बात जानकर भागवन्ती की सूनी आँखों में तूफान से पहले का सन्नाटा समा गया था। देवर के चेहरे पर अपनी मायूस आँखें गाड़ कर उसने पूछा, "भैया... लड़का दुहाजू है... उम्र भी चालीस से ऊपर है, और जानकी तो इस वर्ष तेरह भी लांघ नहीं पायी है। क्या ये रिश्ता उसके लिए अच्छा होगा?"

मदनेश्वर पाठक की भवें चढ़ गयीं। अधरों पर कुटिलता भरी विद्रूप हँसी खेल उठी। तनिक जोर से बोल पड़ा, "भैया कोई कारूँ का खजाना छोड़ गये हैं क्या तुम दोनों माँ-बेटी के लिए? वैसे भी वर की उम्र नहीं देखी जाती, रूतबा देखा जाता है भौजी, चालीस के लगभग है तो क्या हुआ...? उच्च कुल गोत्र का है। उसके दादा पंडित विश्वमोहन को कौन नहीं जानता? बिकौआ थे... पूरे बीस विवाह किये थे उन्होंने... उच्च कुल के श्रोत्रिय ब्राह्मण से बिटिया ब्याहने में बड़े-बड़े लोगों ने कोई संकोच नहीं किया। तुम्हें तो खुश होना चाहिए कि जानकी

उच्च कुल में जा रही है... और तुम हो कि अगर-मगर कर रही हो।"

"पर...?" भागवन्ती का प्रश्न, प्रश्न ही बनकर रह गया। जानकी अपने से तीन गुना बड़ी उम्र के कृष्णकांत मिश्र के साथ सप्तपदी के बंधन में बंधी, या यूं कहें कि जकड़ी हुई ससुराल चली आयी।

यहीं से प्रारम्भ हुई एक नारी के जीवन की विडम्बना... त्रासदी... जिसे इच्छा या अनिच्छा से झेलते रहना ही नारी की नियति है। कल भी थी... आज भी है...। शायद कल भी रहेगी... अगर नारी परिस्थिति से जूझने की हिम्मत नहीं रखेगी। अगर पुरुष प्रधान समाज द्वारा मन में गहरे तक बिठा दिये गये औरते होने के भय को अन्तर्मन से उखाड़ नहीं फेंकेगी।

अधेड़ कृष्णकांत के जीवन में बहार आ गयी थी। तन्वंगी पत्नी पाकर वो बेहद प्रसन्न था। गहने-जेवर, अच्छे-अच्छे कपड़े-लत्तों से उसने जानकी को लाद दिया था। पर जानकी का "बचपन"बुढ़ापे के आलिंगन में आठ-आठ आँसू रोता था। जिस उम्र को हिरणी की तरह दौड़ती, तितलियाँ पकड़ती, गुड़ियों का शादी-ब्याह रचाती माँ के आँगन में बिताना चाहती थी, उस उम्र में पत्नी-धर्म का निर्वाह करते हुए उसे भीषण मानसिक वेदना होती थी। असमय आये पतझड़ को झेलते, धूल-धूसरित नवपल्लवों की भांति जानकी की संवेदनाएँ भी सूखने लगी थीं।

धीरे-धीरे दो वर्ष गुजर गये। भागवन्ती दुःखी थी, बिटिया की गोद अब तक खाली क्यों है? न जाने कहाँ-कहाँ माथा टेक आयी थी भागवन्ती। किस मंदिर के द्वार पर दस्तक नहीं दी थी बिटिया के सुख-सौभाग्य के लिए, पर हुआ वही जो विधाता ने रच डाला था। कृष्णकांत दमें का मरीज था। एक दिन ऐसा भीषण दौरा पड़ा कि वो जीवन के हाथों से छूट मृत्यु के आलिंगन में जा बंधा अपने दुर्भाग्य पर पर-कटे पंछी की तरह तड़प तड़प उठी जानकी। भागवन्ती ने सर पीट-पीट कर लहु-लुहान कर डाला, "हे ईश्वर! ये क्या कर डाला? जिस उम्र में लड़कियाँ ब्याह का सपना देखती हैं, उस उम्र में वैधव्य? मेरी बेटी का क्या होगा? कैसे जीएगी वो पहाड़ सा जीवन...? कोई सन्तान भी नहीं... जिसके सहारे जी लेती अभागी... हाय विधाता! ये क्या लिख डाला उसके भाग्य में?"

विधवा जानकी को पति के क्रियाकर्म के पश्चात् चाचा मदनेश्वर घर ले आया। विधवा माँ और सद्यः वैधव्य की अपरिमित पीड़ा को झेलती बेटी का सम्मिलित आर्त्तनाद सबके कलेजे को हिला गया। सोलहवाँ वर्ष... ऊपर से वैधव्य... जानकी सुख की परिभाषा समझाने से पहले ही दुःख के अगाध सागर में आकंठ निमज्ज हो चुकी थी। जानकी के उच्च कुलीन ससुरालवालों ने फिर कभी उसकी खोज-खबर नहीं ली।

एक कठिन वर्ष और गुजर गया। दिन-भर घर के कामों में चाची और माँ का हाथ बंटाती जानकी जीवन को बोझ की तरह जी रही थी। दूर-दूर तक सुख की नन्हीं-सी किरण भी नहीं दिखती थी। फिर समय ने करवट बदली। जानकी की सूनी आँखों में सहसा किसी के आगमन से आशा की धीमी सी लौ झिलमिलाने लगी थी। नजरें झुकाकर मौन रहने वाली जानकी अब नजरें चुराने लगी थी। उसे सबकी आँखों में एक प्रश्न कौंधता दिखता था। एक ऐसा प्रश्न जिसका उत्तर वो देना नहीं चाहती थी। वैसे भी जब इन्सान उत्तर देना नहीं चाहता, तो उसे हरेक की निगाहों में केवल प्रश्न ही प्रश्न दिखते हैं।

आजकल रामाधार की आँखों में कौंधते प्रश्न से परेशान थी जानकी लाख मन को समझाती, "भैया को क्या पता"। पर छठी इन्द्रिय उसे सावधान कर देती।

रामाधार की शादी पास के ही एक कस्बे रामपुर में हुई थी। उसके ससुरालवालों का आना-जाना लगा ही रहता था। रामाधार का साला विकास एक स्वस्थ और सुन्दर नौजवान था। न जाने कब उसकी आँखों में जानकी की, और जानकी की आँखों में उसकी छवि बस गयी। जानकी की अल्हड अवस्था विकास के रूप में अपने भविष्य को देखने लगी... एक नीड़ का निर्माण करने लगी। उस अभागी को क्या ज्ञात था, कि नीड़ का निर्माण झंझावातों में नहीं होता। उसके लिए तो सुहावने मौसम की जरूरत होती है। और जानकी के जीवन का झंझावात... उसका वैधव्य किसकी निगाह से छिपा था?

हमारे समाज में नारी के हर कदम के पीछे लाखों दृष्टियाँ होती हैं। और दुर्भाग्यवश वो विधवा हो तो उसकी हर छोटी-बड़ी बात पर समाज की निगाहें ठीक उसी तरह गड़ जाती हैं, जैसे समुद्र की सतह पर एकाकी तैरती मछली पर बगुलों की निगाहें।

आज समाज बदल रहा है। नारी सशक्तिकरण वर्ष मना चुके हैं हम... पर क्या सही मायनों में हर नारी सशक्त हुई है? आज भी मछली पर बगुलों की निगाहें यथावत हैं। खैर, जानकी की आँखों में सपनों के रंग झिलमिलाने लगे थे। विकास के आने पर जानकी की सहज उन्मुक्त खिलखिलाहट, उसका चुपके से आईना देखकर बाहर आना, तजुर्बेकार माँ कि निगाहों से भी छिपा नहीं था। रामाधार की नजरें भी जानकी के चेहरे पर विकास को देखकर बदलते मनोभावों को पढ़ने लगी थीं। और जानकी रामाधार की आँखों में प्रतिबिम्बित भावों को पढ़कर उससे कतराने लगी थी।

यहीं तो इन्सान भूल कर जाता है, वो सब चीजों पर अंकुश रख सकता है और बन्धन लगा सकता है। पर भावनाएं भला किस के वश में रही हैं? लाख चाहने पर भी इन्सान मन में पनप रहे भावों को चेहरे पर आने से रोक नहीं सकता। मन की खुशी, विषाद, पीड़ा, स्नेह, अनुराग-विराग सब कुछ अनचाहे ही आँखों से फूट पड़ता है। जानकी की आँखों में भी अब केवल विकास के प्रति अनुराग था, इसीलिए वो किसी से नजरें मिलाते हिचकती थी।

विकास का बार-बार नारायणपुर आना जीजा रामाधार की आँखों में खटक रहा था। उसने एक दिन साले से पूछ ही लिया, "तुम्हारा काम-धंधा आजकल मंदा चल रहा है क्या? तुम्हें इतनी फुर्सत कब से रहने लगी?

"विकास सकपकाते हुए बोला,

"ऐसी कोई बात नहीं जीजा जी... दीदी को देखने का मन हो जाता है तो चला आता हूँ...।" रामाधार की पत्नी कमल। इस वार्त्तालाप से जल-भुन गयी। तुनक कर बोली, "मेरे भाई का आना आपको क्यों खटक रहा है? बहन का घर है, जब जी चाहे आएगा। और लोग तो नहीं खटकते आपको।" कमला का इशारा जानकी और उसकी माँ की तरफ था।

रामाधार चुपचाप उठकर बाहर चला गया था। सोचा, व्यर्थ के क्लेश से क्या लाभ? बात आयी-गयी हो गयी थी। पर रामाधार के मन में संदेह का सर्प बार-बार फन उठाता रहता था।

एक दिन भागवन्ती आँगन में मसाला पीस रही थी। पास ही बरामदे में खम्भे से सर टिकाये बैठी जानकी शून्य में

निहारती न जाने किन ख्यालों में गुम थी? "आजकल किस सोच में पड़ी रहती है तू... तीन बार पूछो तो जवाब मिलता है?" माँ के इस प्रश्न पर चौकती हुई जानकी ने कहा, "कुछ भी तो नहीं।"

"देख बिटिया, जो भाग्य में बदा हो उसे भोगना ही पड़ता है। बड़े-बूढे कह गये हैं, बीती ताहि विसार के आगे की सुधि ले। तू भी बीती बातें भूल जा भगवान के भजन-पूजन में मन लगा... मंदिर हो आ।" भागवन्ती ने धोती के छोर से भीगी आँखें पोछकर कहा। जानकी सकुचाते हुए बोली,

"माँ... वो... विकास हैं न...?

"विकास?" भागवन्ती की आँखों में संशय उभरा।

"वो... मुझसे... विवाह करने को राजी हैं...। कह रहे थे... जल्द ही सबसे बातें करेंगे।"

क्या?"भागवन्ती के हाथ में पकड़ा मसाला पीसने वाला पत्थर नीचे गिर गया। ऐसा लगा मानो वो पत्थर सीधे कलेजे पर आ गिरा हो। सन्न रह गयी भागवन्ती कस कर एक तमाचा जड़ दिया बेटी के गाल पर।

"अभागी, ये तू क्या कह रही है? छी! छी! एक उच्च कुल में विधवा का फिर से विवाह? चुप कर निर्लज्ज! मदनेश्वर काका सुनेंगे तो काटकर फेंक देंगे तुझे... साथ-साथ मुझे भी! हे ईश्वर! क्या इसी दिन के लिए जिन्दा रखा था?"

"पर माँ, मैं विधवा हुई, इसमें मेरा क्या दोष है? विकास कहते हैं सबको अपना जीवन अच्छी तरह जीने का हक है...।" भागवन्ती ने बिलखती जानकी को तीन-चार तमाचे जड़ दिये। रोती हुई बोली, वो क्या कहेगा, वो क्या समाज से अलग है? तू एक ब्राह्मण परिवार की विधवा है, तेरे लिए ये सब सोचना भी महा पाप है, अभागी... महापाप!

भागवन्ती जार-जार रोती बेटी को मारती जा रही थी, कहती जा रही थी... बिलखती जा रही थी। और जानकी की अश्रुपूरित निगाहों से निरन्तर झांक रही थीं, स्त्री होने की पीड़ा। हृदय को मथने वाली वेदना का अनकहा संसार स्पष्ट दिख रहा था। सच ही तो कहा गया है, कि हर चीज समय पर ही शोभा

पाती है। जानकी का बचपन, जिसे जबरदस्ती यौवन का लबादा पहना दिया गया था, आज अपने पूर्ण स्वरूप में पुनः आकार लेना चाहता था। इसमें भला उसका क्या दोष था? कमल की सद्यः प्रस्फुटित नन्हीं कली, तोड़ देने पर भी पूर्ण खिल ही जाती है। पर उसका अस्तित्व धूल धूसरित होता है। डाली पर खिली कली ही तो प्रकृति का अनुपम उपहार होती है। यही सत्य नारी पर भी उद्घाटित होता है। एक बालिका जब युवती बनेगी तभी तो उसकी भावनाएं परिपूर्णता पा सकेंगी। पर यहाँ तो उल्टी गंगा बह रही थी। एक बच्ची युवावस्था आते-आते जीवन की कई कटु सच्चाईयों को भोग वैधव्य की लौह कीलित राह में नितान्त एकाकी रह गयी थी।

माँ के लाख समझाने पर भी जानकी अवश सी, एक अनजाने, अनोखे आकर्षण में बंधी विकास की ओर खिंचती ही गई। एक दिन जब घर के सारे लोग पड़ोस के विवाह समारोह में गये थे अचानक विकास आ गया।

"घर में कोई नहीं दिख रहा।" उसने जानकी से पूछा।

"सब पड़ोस में गये हैं विवाह का न्यौता पूरने।"

"तुम नहीं गयीं?"

"मैं भला वहाँ कैसे जा सकती हूँ? विधवा का वहाँ जाना अमंगल सूचक नहीं होगा क्या?"

जानकी की बड़ी-बड़ी आँखें भर आयी थीं। "तुम दुःख मत करो। मैं इन ढकोसलों को नहीं मानता। हम जल्द ही शादी कर लेंगे। वैसे भी ईश्वर को साक्षी मानकर तुम्हें अपनी पत्नी स्वीकार ही चुका हूँ।" विकास ने उसका हाथ दबाते हुए स्नेह से कहा तो जानकी की पलकें लाज से मानो भारी हो उठीं। "मैं जल्द ही माँ-बाबूजी से बात कर लूंगा। देखना सब ठीक हो जायेगा...फिर...फिर...फिर...।" विकास कहता गया जानकी सुनती गयी। और कुछ ऐसा अप्रत्याशित घटित हो गया, जो नहीं होना चाहिए था। कुछ ही पलों के बाद तूफान के बाद छायी गहरी खामोशी कमरे में पसर गयी।

दोनों कई बार चोरी-छिपे एकान्त में मिलते रहे। समय चक्र चलता गया। एक दिन भागवन्ती की निगाह आँगन में नहाती बेटी पर पड़ी। उसका सर्वांग सिहर उठा आखिर वो एक माँ थी, "नहीं, ये कैसे हो सकता है?" वो जड़-सी हो गयी

थी। कुछ दिनों से वो देख रही थी, जानकी का जी कच्चा-सा रहता था। पर आज सन्देह ने विश्वास का रूप धर लिया था। उसने बेटी को झकझोरते हुए पूछा, तेरी ये हालत किसने की कुलबोरनी?

"वो अपने माता-पिता से इसी सम्बन्ध में बात करने गये हैं...। शादी करेंगे मुझसे।" जानकी ने किसी तरह कहा। भागवन्ती कटी पंतग की तरह बिखरकर बिस्तर पर गिर पड़ी। मन पीड़ा, क्षोभ और क्रोध से जैसे फटा जा रहा था।

कुछ दिन और बीत गये पर विकास का अता-पता नहीं था। एक शाम भागवन्ती ने सारी बात देवर मदनेश्वर को बताते हुए कहा, "भैया, मैं तुम्हारे पाँव पड़ती हूँ... कुछ करो। नहीं तो हमारी नाक कट जायेगी। विकास को इससे विवाह करना ही होगा... नहीं तो...।"

"मुझे तो पहले से ही पता था। ये मेरी ही नजरअन्दाजी का नतीजा है" कहता हुआ मदनेश्वर का बेटा रामाधार भीतर पड़ी लाठी उठा लाया। कमरे से खींचकर जानकी को बाहर आँगन में ला पटका और तड़ातड़ कई लाठियाँ उसकी पीठ कर बरसा डालीं। दर्द से दोहरी हुई बेटी को किसी तरह छुड़ा पायी भागवन्ती।

"मेरा भाई ऐसा कर ही नहीं सकता है। जरूर ये किसी दूसरे का पाप मेरे भाई के सर मढ़ रही है।" कमला ने चीखकर कहा।

नहीं भाभी... मैं सच कह रही हूँ। जानकी ने घुटनों में छिपाया सर उठाकर कहा, तो रामाधार ने उसका सर जोर से दीवार पर मार दिया। माथे से लहू की धारा फूट पड़ी। पूरी रात तड़पती बिलखती जानकी आँगन में ही पड़ी रही।

कुछ दिनों बाद खबर मिली, विकास का विवाह तय हो गया है। दहेज में एक मोटर साईकिल और पचास हजार रुपये नगद पाकर विकास तो जानकी का नाम तक भूल गया था। आखिर उसके खानदान की इज्जत का भी सवाल था न।

चक्की के दो पाटों के बीच हमेशा अनाज ही पिसता है। पाटों का क्या बनता बिगड़ता है? उनकी स्थिति तो यथावत ही रहती है। ठीक इसी भांति समाज और कुल के पाटों के मध्य

सदियों से नारी पिसती रही है। जानकी का पिसना भी तो एक स्वाभाविक घटना थी।

उस दिन के बाद जानकी का जीना मुहाल हो गया। वो अपनी भूल पर पछताती, जल बिन मछली की तरह तड़पती थी। परिवार के लोगों ने उसके अनचाहे गर्भ को समाप्त करने के हर संभव प्रयास कर लिए पर सब नाकाम सिद्ध हुए। शहर जाकर मामला निपटाने में एक भय था, कहीं-न-कहीं से बात फैल गयी तो क्या होगा? आखिरकार मदनेश्वर ने बेटों के साथ एक गुप्त मंत्रणा की। एक रात जब भागवन्ती पड़ोस में गयी हुई थी, जानकी को चाँप चढ़ाकर मार डाला गया। सोयी हुई जानकी की गर्दन पर बाँस रखकर दोनों ओर से दबाकर बाप-बेटों ने उसे मृत्युदंड दे दिया।

भागवन्ती वापस लौटी तो घर में व्याप्त श्मशान जैसे सन्नाटे से उसका हृदय धक सा रह गया। अनहोनी की आशंका से मन पथरा उठा। जानकी के कमरे में गयी, तो देखा घर के सारे सदस्य वहीं बैठे थे, और बिस्तर पर निश्चेष्ट पड़ी जानकी की आँखें फटी हुई थीं।

"ये क्या कर डाला रे...?" भागवन्ती जोर से चीख पड़ी।

मदनेश्वर ने दौड़कर उसका मुँह अपनी हथेली से दबा दिया और धीरे से बोला, "चुप रहो... कोई सुन लेगा तो सारी बात खुल जाएगी। अब तो जानकी वापस आने से रही... तुम्हारा चुप रहना ही खानदान की मान-मर्यादा के लिए अच्छा है...। दूसरा कोई उपाय नहीं था. चुप... एकदम चुप रहो भौजी।" पर पुत्री की मृत्यु की असहनीय वेदना से तड़पती भागवन्ती ने पंडित जी के यहाँ गुहार लगा ही दी। पर यहाँ भी किसी ने दुःख से व्याकुल बेचैन माँ की व्यथा पर मरहम नहीं रखा।

वही हुआ, जो होता आया है। जानकी की सुनियोजित हत्या को हैजे से हुई आकस्मिक मृत्यु घोषित कर सबने समाज और कुल की लाज बचा ली। भागवन्ती ने धीरे-धीरे अनुराधा के सामने मन की गांठें खोलकर रख दी थीं।

अनुराधा की बुद्धि ने काम करना बंद कर दिया था। हे ईश्वर! ऐसा जघन्य कृत्य? उसने कुछ कहने के लिए भागवन्ती की ओर देखा पर भागवन्ती वहाँ थी कहाँ? वो तो मन की

पीड़ा बाँट कर मृत्यु के आगोश में चिर निद्रा में लीन हो चुकी थी। अनुराधा की कलम मौन है, पर मन में कई प्रश्न नाग के फन की तरह सर उठा रहे हैं। क्या बचपन में ही विवाह बंधन में बाँधकर जानकी को "बाल विवाह" के चाँप पर नहीं चढ़ा दिया गया था? कम उम्र में वैधव्य की पीड़ा भोगती नारी के सहज स्नेह को वासना का रंग देकर अपना मतलब साधने वाले विकास ने उसे दूसरे चाँप पर नहीं चढ़ा दिया था? क्या जानकी की मौत उसी वक्त नहीं हो गयी थी, जब बचपन में ही वो अधेड़ से ब्याह दी गयी थी? परिजनों द्वारा की गयी हत्या तो जानकी के मृत शरीर की दुर्गति थी। मरे हुए को मारना था।

नारी की ये विडम्बना रही हैं कि किसी-न-किसी "चाँप पर उसे चढ़ना ही पड़ता है...। भ्रूण हत्या का चाँप... दहेज हत्या का चाँप... डायन होने का चाँप... बलात्कार का चाँप. .. वैधव्य का चाँप और न जाने कितने चाँप...? कब थमेगा ये सिलसिला? "यत्र नार्यस्तु पूज्यन्ते रमन्ते तत्र देवता" इस नारे के साथ नारी को भी कब सम्पूर्ण अहमियत मिलेगी? नारी सशक्तिकरण का दावा कब सही मायनों में चरितार्थ होगा? आखिर कब...? अनुराधा की अन्तर्रात्मा से एक चीख उभरी।

गाथाएँ कभी खत्म नहीं होती

सुबह फोन की घंटी बजी तो मैंने फोन उठाया, "हलो।"

"दीदी। आज मुझे एम.बी.ए. की डिग्री मिल गयी है। अब मेरा प्रमोशन भी हो जाएगा... सैलरी बढ़ जाएगी। आज मैं बहुत खुश हूं... बहुत खुश।" दीपा का स्वर आनन्द से छलक रहा था और मैं भींगी आँखें लिये सोच रही थी, कई वर्षों बाद दीपा को खुश देख पा रही हूँ। विगत के कुछ वर्षों में तो दीपा जीवन की भीषण विडम्बनाओं से जूझती निरन्तर एक न एक युद्ध लड़ती रही है। आज वो अधिकारी बनने जा रही है, इस उल्लास के पीछे उसकी कठिन मेहनत, लगन और दुःखद परिस्थितियों से जूझने की अपार इच्छाशक्ति ही तो है। मेरा मन अनायास ही विगत की गलियों में भाग चला था।

दीपा... मेरी छोटी बहन अपने पति और बेटी के साथ पटना में सुखी जीवन गुजार रही थी। जीवन का हर सुख उसकी झोली में था। पर सहसा नियति ने एक तुरूप चाल चली और उसका जीवन विडम्बना की सूली पर टंग सा गया। अच्छे-भले अजय को अचानक पेट दर्द, बुखार सा रहने लगा। स्थानीय डॉक्टरों ने एम्स ले जाने की सलाह दी और एम्स में दिखाने पर पता चला वो लीवर सिरोसिस की लास्ट स्टेज में है। रोती-बिलखती दीपा का फोन दिल्ली से ही आया था, "दीदी। मेरी किस्मत ने मुझे दगा दे दी है। हर तरह के जाँच के बाद डॉक्टर इसी निष्कर्ष पर पहुँचे हैं कि अब कुछ किया नहीं जा सकता। दवाएं बेअसर साबित हो रही हैं। मन बहुत घबरा रहा है। क्या करूँ कुछ समझ नहीं पा रही हूँ।"

सुनकर मैं संज्ञाशून्य सी बैठी रह गयी थी। पता नहीं क्या होगा? छोटी बहन की पीड़ा से मन छलनी हुआ जा रहा था।

जीवन में ऐसे कई दर्द होते हैं, जिसे भोगनेवाला ही समझ सकता है, कोई नहीं बाँट सकता। चाहे वो कितना भी अपना हो... अटूट रक्त सम्बन्ध से बंधा।

दीपा के फोन आते रहे... वो कमजोर होता जा रहा है दी। कुछ पचता ही नहीं। पता नहीं क्या होगा?

अब तो आवाज भी लड़खड़ाने लगी है। कल रात से न जाने क्या बड़बड़ाता रहता है, कुछ समझ नहीं पा रही हूँ।

फिर एक दोपहर दीपा ने फोन पर जो कहा सुन कर काँप उठी।

"दीदी अब अजय नहीं बचेगा... डॉक्टर बता रहे हैं लीवर बिल्कुल खराब हो चुका है। इस वजह से "अमोनिया" मस्तिष्क पर प्रभाव डाल रहा है और अजय ठीक से बोल नहीं पा रहा है। उसे फिर से एडमिट करना पड़ा है। अपने दुर्भाग्य पर आँसू बहा रही हूँ दी। डॉक्टर कहते हैं वो ज्यादा से ज्यादा एक महीने का मेहमान है... कभी भी किसी भी क्षण... कुछ भी हो सकता है।"

वो फूट-फूट कर रो रही थी।

"मैं आ रही हूँ दीपा, तुम हिम्मत मत हारना।" मैंने कहा तो उसने आने के लिए मना करते हुए कहा, "एक-दो दिन रूक जाओ जब मैं कहूँगी तब आना। दिन भर तो हॉस्पीटल में रहती हूँ। पेशेन्ट के रूम में किसी को जाने नहीं दिया जाता।"

तीसरे दिन दीपा ने बताया अजय को होश आ गया है... वो धीरे-धीरे बोल भी पा रहा है पर जीवन मुट्ठी से झरती रेत की तरह सरकता जा रहा है। पेट में लगातार पानी की मात्रा बढ़ती जा रही है। पाँव फूल गये हैं... दर्द से कराहता रहता है।

"लीवर ट्रान्सप्लॉट ही एकमात्र उपाय है दी। पर डॉक्टर कहते हैं अजय इतना कमजोर हो गया है कि "डोनर" मिलने पर भी जीवन की संभावना दस परसेंट ही है। जब से होश में आया है घर चलने की जिद कर रहा है। उसे लगता है अब तो ठीक हो रहा है... फिर से पुराना सुन्दर सुखी जीवन जी सकेगा। बढ़िया खाना खा सकेगा सड़क पर तेजी से अपनी "गाड़ी" दौड़ा सकेगा। और मैं? मेरी दशा तो पहाड़ की ऊँची चोटी से गिरते व्यक्ति जैसी है, जिसे पता नहीं उसका क्या होगा? मैं परसों की फ्लाइट से अजय को लेकर पटना आ रही हूँ। दी तुम जल्दी से मेरे पास चली आओ।" दीपा ने फोन रख दिया था और मैं जड़वत संज्ञाशून्य सी बैठी रह गयी थी। कैसे कटेंगे तीन दिन? मन करता था उड़कर बहन के पास

पहुँच जाऊँ। दूसरे दिन सुबह फिर फोन की घंटी बजी तो मन अनजानी आशंका से काँप उठा, कहीं?

"हलो!" मैंने फोन उठाया तो उधर से अजय की धीमी थकी-थकी आवाज सुनाई दी, "दीदी मैं अजय।"

"अरे! कैसे हैं अजय जी। आपकी आवाज सुनकर बहुत अच्छा लगा।"

"दीदी! आप पटना आएंगी न... तो... मेरे लिये... एक चीज... ले आईयेगा।"

"हाँ! हाँ! कहिये...।"

"वो कुम्हड़े की बड़ियाँ होती हैं न... जो आप गाँव से दीपा के लिए मंगवाती थी। मुझे वही खाना है। ले आएंगी न...?" मैं कुछ कहती इससे पहले दीपा ने फोन उठा लिया,

"दी! सुन लिया? दिन-रात ऐसी ही फरमाइशें करता रहता है। बहुत जिद्दी हो गया है। प्लीज कहीं से ढूँढकर ले आना। नहीं तो माथा खा जाएगा तुम्हारा बड़ी-बड़ियाँ करते-करते।"

मैं सोच में पड़ गयी। अजय जैसा शान्त प्रकृति का चुनिंदा खाना खाने वाला इन्सान कितना बदल गया है। बड़ियाँ और अजय? याद है मुझे जब भी दीपा आती थी, मैं बड़े जतन से उसकी मनपसन्द सब्जी बनाती थी... आलू, बैगन और कुम्हड़े की उड़ददाल वाली बड़ियों की मिक्स सब्जी।

"दुनियाँ में हरी सब्जी, माँस-मछली, पनीर और अंड़ों की कमी हो गयी है क्या जो आप लोग बड़ियाँ खाते हैं? मैं तो कभी मुँह में भी नहीं डाल सकता ये अनसोफिस्टिकेटेड डिश" वो ठठाकर हँसता था। और आज? क्या आसन्न मृत्यु के आभास ने उसे नूतन स्वाद का प्रलोभन दिया है?

पटना पहुँची तो अजय जी को देखकर दंग रह गयी। लम्बा चौड़ा छह फुट का स्वस्थ शरीर गलकर आधा रह गया था। पैतालीस वर्ष की उम्र में वो साठ वर्ष का बूढ़ा लग रहा था। सूखे निर्विकार भावहीन चेहरे पर बस दो मासूम आँखें दिख रही थीं, जीवन जीने की ललक लिये। "बड़ियाँ लाई हैं?" उसने पूछा तो मैं अपने आँसू छिपाते हुए बोली,

"हाँ! बना दूँ अभी।"

"नहीं दीपा बनाएगी। वो दुनियां में सबसे अच्छा खाना बनाती है।" कहते हुए उसने असीम स्नेह से दीपा को देखा तो वो चुपचाप रसोई में चली गयी। उसके सिसकने की आवाज मुझ तक आ रही थी। मेरी फूल सी बहन सूख कर कांटा हो गयी थी। मुझ से लिपटकर उसकी वेदना का बाँध सीमाएं तोड़ गया। "दीदी। कुछ समझ नहीं पा रही हूँ क्या करूँ? डॉक्टरों ने तो जवाब दे दिया है... आत्मा इस आघातदायी सत्य को सह नहीं पा रही है। पिछले वर्ष जब डॉली का दाखिला अच्छे इन्जीनियरिंग कॉलेज में हो गया था तो हम दोनों कितने खुश थे। अजय की सैलरी भी बढ़ गयी थी सब कुछ कितना चल रहा था। न जाने किस की नजर लग गयी मेरे हँसते-खेलते परिवार को।"

"दीपा क्या अजय जी इस सच्चाई को जानते हैं?" मैंने पूछा तो वो फिर बिलख पड़ी।

"हाँ दीदी! परसों जब मैं डॉक्टर से बात कर रही थी न जब उसने दरवाजे के पास खड़े होकर सब कुछ सुन लिया था... पीड़ा से उसका चेहरा विवर्ण हो उठा था। और जानती हो दी! उस दिन वो कितना विह्वल हो उठा था... कभी मेरा माथा सहलाता कभी बालों पर हाथ फेरता कभी अंक में भींच लेता और कभी रो पड़ता. मुझे बचा लो. .दीपा! मैं मरना नहीं चाहता... मैं पूरा परहेज करूँगा किसी तरह सारी दवाईयाँ समय पर खाऊँगा, मैं नहीं रहा तो तुम अकेली कैसे रहोगी? डॉली की पढ़ाई कैसे पूरी होगी? मैं पत्थर की प्रतिमा सी जड़ हो गयी थी दी! स्पन्दनहीन।"

दीपा रो रही और मैं आने वाले भीषण समय की कल्पना से सिहर उठी थी। एक-दो दिन बस ऐसे ही गुजर गये। एक सुबह अजय बाथरूम से निकला तो बदहवास था।

"दीपा! डॉक्टर ने कहा था न अंतिम समय में "पॉटी" से खून जाने लगेगा... उल्टियाँ करने को जी करेगा. दीपा! खून आ रहा है। मेरा मन बहुत घबरा रहा है... अब मैं नहीं बचूँगा।" अजय का कमजोर डरा हुआ स्वर हम दोनों बहनों को भी सहमा गया था।

"तुम आराम करोगे न तो तबियत ठीक हो जाएगी। मैं

"हेपामर्ज" की डोज बढ़ा दूँगी चिन्ता मत करो।" समझाते हुए दीपा की आवाज काँप उठी थी। अजय बिस्तर पर लेट गया। पर कुछ ही देर बाद उसकी अस्पष्ट बड़बड़ाहट सुनकर दीपा चौंक पड़ी।

"दीदी! जल्दी से पड़ोस से किसी को बुला लाओ ये फिर बेहोश हो रहा है... डॉक्टर ने कहा भी था इसी तरह एक दो बार बेहोशी की अवस्था में आते-जाते मरीज की मौत...!

जल्दी बुलाओ!" वो चीख सी पड़ी थी।

उसी क्षण से शुरू हो गयी भी एक अकेली स्त्री की भीषण विडम्बना। सब कुछ इतनी तेजी से घटा कि हम सब हत्प्रभ रह गये। अस्पताल का आई.सी.यू. वार्ड... अजय की नीम बेहोशी और पति को किसी तरह से मृत्यु द्वार से खींच लाने का अफसल प्रयत्न करती दीपा की मर्मान्तक पीड़ा... कलेजे को छलनी करती थी।

"उठो अजय!... तुम मुझे मंझधार में छोड़कर नहीं जा सकते।" पति के गालों पर थप्पड़ लगाती दीपा बदहवास सी हो गयी थी। किसी तरह वो होश में तो आ गया। पर शरीर के

साथ-साथ वाणी भी उसका साथ छोड़ती जा रही थी। ओशे... रोशे न जाने क्या अस्पष्ट शब्दों में बड़बड़ाता रहता। दीपा पूछती "क्या कहना चाहते हो अजय?" अस्पष्ट उच्चारण करता अपनी बात समझाने में स्वयं को असमर्थ पाता अजय मुट्ठियाँ भींच कर बेड पर मुक्के बरसाने लगता... कभी अपने सर के बाल मुट्ठियों में भींचता रो पड़ता। दीपा की वेदना का पारावार न था, "हे ईश्वर! ऐसी पीड़ा किसी दुश्मन को भी नहीं देना। न जाने इसके मन में कया-क्या चल रहा होगा। पता नहीं ये क्या कहना चाहता है... शायद इसे डॉली की याद सता रही है या फिर मेरा आगत भयावह समय सन्नाटे में डाल रहा है... रक्षा करना भगवान!"

दीपा ने अजय की सेवा में प्राणार्पण कर दिया था। न खाने की सुध रहती न पहनने की। पर... सारे प्रयत्न विफल साबित हुए थे और दीपा के जीवन में गहरा सन्नाटा छोड़ अजय अनंत में विलीन हो गया था और अजय के सिरहाने लाल सलवार कमीज में जड़वत बैठी दीपा की सन्नाटे भरी बड़ी-बड़ी आँखें जीवन भर के लिये मेरी आत्मा पर अंकित हो गयी थीं।

दीपा के परिवार में केवल विदेश में रह रहे ननद-ननदोई ही थे। डॉली को भी खबर दे दी गयी थी। सारे लोग एकत्र थे... लान में अजय का मृत शरीर रखा हुआ था... प्रश्न उठा अग्नि संस्कार कौन करेगा? सबने डॉली का नाम सुझाया पर दीपा ने कहा,

"परसों से इसकी फाइनल परीक्षा है। ये कैसे सारे विधि-विधान पूरे करेगी?" तो? प्रश्न अब भी वर्तमान था।

किसी के आगे न आने पर दीपा ने स्वयं पति को मुखाग्नि देने की बात कही। पल भर के लिये वहाँ गहरी चुप्पी छा गयी। फिर चार घंटे का भयवाह हृदयविदारक...करूणा से भरा... पीड़ा की तीखी कसक से छलनी समय बीत तो गया पर आत्मा को अनिर्वचनीय वेदना के गुरूतर भार से भारी बना गया। क्या आजीवन वो चार घंटे भुला पाऊँगी...? सफेद वस्त्र में पीड़ा से स्याह चेहरा लिये खंड-खंड होते हृदय से पति को मुखाग्नि देती, मृत शरीर की परिक्रमा करती...फूट-फूट कर रोती बेटी को सान्त्वना देती दीपा सहसा पत्नी, बहू, माँ, बहन जैसे रिश्तों से परे उसी देवी स्त्री रूप में ढल गयी थी जो जीवन की विकट परिस्थितियों में भी कभी हार नहीं मानती हैं। या देवी सर्वभूतेषु शक्तिरूपेण संस्थिता...।

कैसा भीषण आघातदायी क्षण था वो...? धू-धू कर जलती चिता के पास बैठी हतप्रभ संज्ञाशून्य दीपा के चेहरे पर सारी निधि लुट जाने का दर्द भयावह मौन के रूप में अंकित था। तेरहवीं के बाद पूरा घर खाली हो गया था। मुझे भी वापस लौटना था।

"दीदी! तुम मेरी चिन्ता मत करो। अनुकम्पा पर नौकरी मिलने की बात चल रही है। बहुत सारा काम करना है। जानती हूँ नियति ने मेरी किस्मत में गहरा सन्नाटा लिख दिया है। इसे झेलना ही होगा डॉली के अच्छे भविष्य के लिए मुझे जूझना होगा दी! तुम्हें अब जब भी समय मिले मेरे पास चली आना। सारे काम हो जाएंगे तो मैं भी कुछ दिन तुम्हारे पास रह लूंगी।" दीपा का स्वर शान्त था पर मेरे मन में भीषण कोलाहल था। रास्ते भर ट्रेन की पुश्त से पीठ टिकाए मैं सोचती रही भयावह एकांत से भरे उस बड़े से घर में कैसे रहेगी मेरी अकेली बहन? कलेजा बार-बार मुँह को आ रहा था। हम दोनों बहनें फोन

पर बातें करती रहती थी। एक एक शब्द मानो उसकी व्यथा की गाथा कहता था।

"एक स्त्री के साथ जब अकेलेपन की पीड़ा भी जुड़ जाती है न, तब उसकी मानसिक व्यथा समझने वाला कोई नहीं होता दी! और अकेलेपन का कई अर्थ लगा लेती है ये बेरहम दुनियाँ। जब भी काम से बाहर निकलती हूँ न चाहते हुए भी सामने वाले फ्लैट पर, दृष्टि चली ही जाती है। मिसेज वर्मा और साथ वाले फ्लैट की मिसेज सिंह की आँखें मुझ पर ही गड़ी रहती हैं। मन कसैला हो उठता है, क्या देखती रहती हैं ये? और उन्हें भी क्या दोष दूँ इस बड़ी सी कॉलोनी में ऐसा कौन है, जिसके निगाह की केन्द्रबिन्दु मैं नहीं हूँ? मात्र पैंतीस वर्ष की सुन्दर, युवा नितान्त अकेली विधवा! घर का ताला खोलकर जब भी भीतर आती हूँ मन फूट-फूट कर रोने का हो जाता है। जतन से सजाये गये भौतिक सुख-सुविधा सम्पन्न बड़े से घर में चुपचाप मौन खड़ी मैं अपने गैरेज में खड़ी मर्सीडीज की तरह जड़ हो जाती हूँ दी!"

कल तक जिस छोटे से परिवार पर इतराती थी, वो आज चिन्तन पर विवश कर रहा है। काश! परिवार में कोई तो होता जो मेरे सन्नाटे भरे जीवन में आवाज का सृजन करता। कोई काम न होने पर भी एक कामवाली बाई रख ली है। कोई तो चाहिये न बोलने-बतियाने के लिए?

दिन तो किसी तरह कट जाता है। पर रात काटे नहीं कटती है दी! अजय की यादें आत्मा को मथ डालती हैं। उसका पीड़ा से विवर्ण, मुरझाया, मृत्यु के भय से आतंकित चेहरा महीनों से देखती रही हूँ... उस स्मृति को मिटाने के लिए फ्रेम जड़ी उसकी मुस्कुराती तस्वीरों से कमरे की दीवारें भर दी हैं। इन मुस्कुराती तस्वीरों के आगे हर रात बिलखकर काटती हूँ। "रूप तेरा ऐसा दर्पण में न समाये...." यही गीत गुनगनाता रहता था वो मुझे देखकर अब मैं कैसे कहूँ और किससे कहूँ कि कभी दर्पण में न समाने वाला मेरा सौन्दर्य मेरे अकेलेपन को और भयवाह बना रहा है। नीरव रात में हुई छोटी सी आहट भी मेरी धड़कनों को बढ़ा देती है। पर मैंने एक सत्य से प्रत्यक्ष साक्षात्कार भी किया है कि अपनी पीड़ा स्वयं अपने आँचल में ही सहेजनी पड़ती है और ऐसे में एक स्त्री, जो सुन्दर अकेली और साधन सम्पन्न हो तो सारा समाज अचानक

चौकन्ना हो उठता है। उसे केवल नसीहतें मिलती हैं, मदद नहीं। तुम तो जानती हो अजय के दोस्त समीर के अलावा दूसरा कोई मददगार नहीं है। जरूरी पेपर्स, ग्रेच्युटी, प्राविडेंड फंड, एल.आई.सी. सारा काम वही देख रहे हैं... और दुनिया बातें बना रही है। परसों पड़ोस की मिसेज आरती पूछ रही थी, "कल रात नौ बजे समीर जी तुम्हारे घर आए थे न?"

"हाँ! तो?" न चाहते हुए भी इस प्रश्न पर मस्तिष्क की नसें झनझना उठीं। ऊपर से अनुकम्पा पर नियुक्ति में क्या कम मुश्किलें हैं? कल कुछ महत्त्वपूर्ण पेपर साइन करने ऑफिस गयी थी तो अजय के सहकर्मी ऐसे देख रहे थे, मानो मैं कोई अजूबा हूँ। सब की आँखों में एक ही सवाल दिखता है, आखिर मैं अकेली कैसे रह रही हूँ?

जानती हूँ अब मुझे कांटों भरी डगर पर चलना है। फिर भी ऐसा बहुत कुछ है जो आत्मा में दंश देता है। कभी मिसेज झा की बूढ़ी सास रामायण पढ़ने और आत्मनियंत्रण की सलाह दे जाती है तो कभी नन्दू की माँ कॉलोनी में कहती फिरती है कि "दीपा आज कल घर पर रहती ही नहीं। ये तो पति के जाते ही उड़ने लगी।"हत्प्रम रह जाती हूँ मैं। अगर मैं घर में बंद रहूँ तो मेरे जरूरी काम कौन करेगा? ऊपर से ऑफिस, मार्केट, बैंक, पोस्ट ऑफिस दौड़ते-दौड़ते हाँफ जाती हूँ कौन समझेगा मेरा दर्द? मन करता है जोर से चीख पड़ूं मैं उड़ कहाँ रही हूँ... मैं तो यथार्थ की कठोर धरा पर खण्डित होकर पड़ी हूँ। मुझे फिर से अपने अस्तित्व की किर्चें समेटकर हिम्मत से खड़ा होना है।

घर में मन घबराने लगता है तो मार्केट निकल जाती हूँ कभी-कभी। कल रिलांयस मॉल में गयी तो वहाँ भी कोलाहल के बीच खुद को नितान्त तन्हा पाया। मन में पीड़ा का गुबार सा चलने लगा। कुछ महीने पहले ही तो अजय के साथ यहाँ ढेरों खरीदारी करती थी। मनपसन्द चॉकलेट आइस्क्रीम खाती हँसती-खिलखिलाती घर लौटती थी। और आज लेना ही क्या है? थोड़ी सी सब्जी... चायपत्ती... दो फाइलें, जिन में बहुत से जरूरी पेपर्स के साथ रखना है... अजय का डेथ सर्टिफिकेट भी। जिसकी तीस-चालीस फोटो कॉपी करवाते हुए मेरा मन भी कई टुकड़ों में टूट सा रहा था। जानती हो परसों लैण्डलाइन फोन सरेन्डर करने गयी थी न, तब रास्ते में मिसेज राय मिल

गयी। अरे दीपा! तुम यहाँ? अकेली आई हो? डॉली कहाँ है? मिसेज राय ने एक साथ कई सवाल पूछ डाले थे।

"सब्जी खरीदनी थी।"

"अकेली आई हो।"

"हाँ! डॉली हॉस्टल चली गयी। पढ़ाई का नुकसान हो रहा था न।"

"फ्लैट में भी अकेली ही हो न?"

"हाँ!"

"कैसे रह पाती हो दीपा... मैं तो सबसे तुम्हारी हिम्मत की दाद देती रहती हूँ।"

कोई अकेला नहीं रहना चाहता मिसेज राय पर रहना पड़ता है। इन्सान हर चीज से भाग सकता है अपनी किस्मत से नहीं। मैंने धीमे स्वर में कहा तो मिसेज राय हमदर्दी जताते हुए चली गयी। आँसू रोकने का असफल प्रसास करती हुई मैं चुपचाप ऑटो में आकर बैठ गयी थी। मन में वेदना की लहरें उफान पर थी।

फिर भी... सच कहती हूँ दी। मैं टूटकर बिखरूंगी नहीं। भले ही मेरे भीतर समाहित स्त्री आज भयभीत है पर अन्तर्मन में समायी माँ कमजोर नहीं... दृढ़संकल्प वाली है। वो कभी नहीं हारेगी वो जरूर उड़ेगी, सत्य निष्ठा और कर्त्तव्य की उड़ान। मुझे संतोष है, कि मैंने अपने पति की भरपूर सेवा की, जीवनसंगिनी की तरह। उसका हर क्षण ध्यान रखा, माँ की तरह। और अंतिम मुक्ति भी मेरे ही हाथों हुई .! न जाने कौन सा कर्ज था पिछले जन्म का? खुद को बार-बार हिम्मत देती हूँ दी! पर कॉलेज टाइम में लिखी गयी अपनी ही एक कविता की पंक्तियाँ बार-बार मन में गूँज पैदा कर देती हैं :

"खत्म नहीं होगा क्या ये मौनबिन्दु का दायरा।
खत्म नहीं होगी क्या ये अन्धकार की यात्रा?
फैला है सघन अन्धकार
आवाज कोई न सरगोशी!
उफ! कैसी ये खामोशी?"

"दीपा! घने अन्धेरे के बाद उजाला आता ही है। तेरे

भी दिन बदलेंगे... ईश्वर पर भरोसा रख।" उसे समझाती मैं भी विहवल हो उठती।

"हाँ दी! मैं हिम्मत नहीं हारूंगी।"

और उसने जो कहा, कर दिखाया। दीपा ने वर्षों एक लड़ाई लड़ी एक-एक दिन मानों परीक्षा का दिन था। नौकरी मिली तो वो भी फोर्थ ग्रेड में काम था फाइलें इस टेबल से उस टेबल तक ले जाना एम०ए० पास, एक अफसर की पत्नी के लिये ये बेहद कठिन काम था। बार-बार आत्मसम्मान पर ठेस लगती थी। पिछला सुन्दर जीवन बार-बार स्मृति के द्वार पर दस्तक देकर मन को अपार पीड़ा से भर जाता था। फिर भी वो चुपचाप अपना काम करती रहती थी। कई दर्द थे जो मन में फाँस से चुभते थे।

"जानती हो दी! जरा सा खुश रहने का प्रयत्न करती हूँ या अच्छी साड़ी पहन लेती हूँ तो ऑफिस से कॉलोनी तक कई प्रश्नवाचक निगाहें चुभने लगती हैं मानों मैं खुश रहने का हक खो चुकी हूँ... क्या बात है दीपा जी! आज बड़ी खुश हैं? इतनी सुन्दर साड़ी पहनी है कोई खुशखबरी हैं क्या? ऐसे प्रश्न दंश देते हैं...।"

समय बीतता रहा...दीपा धीरे-धीरे संभलने लगी। ऑफिस से लौटकर शाम को वो कम्प्यूटर सीखने लगी। विभागीय परीक्षा की तैयारियों में व्यस्त रहने लगी तो मन पर पड़ा बोझ कम होने लगा। बेटी डॉली भी इन्जनियरिंग के फाइनल ईयर में आ गयी तो दीपा का जीवन वेदना की दहलीज़ पार कर खुशियों के आँगन में पाँव रखने लगा। अन्ततः उसकी मेहनत रंग लायी . पहले विभागीय परीक्षा में अव्वल आ कर वो क्लर्क बनी फिर एम.बी.ए. करके आज अफसर बनने जा रही है। जीवन की विडम्बनाओं से लड़कर उसने सिद्ध किया कि एक स्त्री अगर ठान ले तो हर विषम परिस्थिति से जूझकर अपना अलग मुकाम बनाकर ही रहती है। मुझे खुशी थी कि उसकी दुःख भरी कहानी का अंत हो गया था। बाजार से लौट कर नौकर ने कॉल बेल बजाई तो मैं विगत से वर्तमान में लौटी। सोचा फोन करके एक बार फिर दीपा को शुभकामनाएं दे दूँ।

"हलो दीपा!"

"हाँ दी!"

"अब तो खुश हो ना?"

"हूँ!"

"मैं कहती थी न ईश्वर तुम्हारी मनोकामना जरूर पूरी करेंगे तुम परीक्षा में अव्वल आओगी?"

"हाँ दी! पर... अगर जीवन के इस मोड़ पर ईश्वर मेरी एक मनोकामना पूरी होने का वरदान देते न तो जानती हो मैं क्या माँगती?"

"क्या?"

"शाम पाँच-छह बजे मेरे घर का कॉलबेल फिर से एक बार बज उठे... मैं सजी संवरी दरवाजा खोलूँ और मेमसाहब! गरमा-गरम पनीरपकौड़े और कॉफी मिलेगी? कहता हँसता मुस्कुराता मेरा अजय मेरे सामने खड़ा हो...! और...। गहरी सिसकी के साथ फोन कट गया था। हम दोनों बहनों के मध्य गहरा सन्नाटा पसार गया था और इस सन्नाटे के आगे-पीछे गूँज रही थी हमारी सिसकियाँ। आर्द्र नयन और अवरूद्ध कंठ लिये मैं सोच रही थी कहानी का सुखद अंत होना तो निश्चित है पर वेदना की चिन्गारियों से भरी गाथाएं कभी खत्म नहीं होतीं...!

दर्पण में बिंदिया

ठीक पाँच बजे अलार्म की तेज आवाज से सागर की नींद खुल गयी। आज जल्दी ऑफिस पहुँचना था एक जरूरी मीटिंग थी। वो तुरन्त बिस्तर से उठ बैठा और फ्रेश होने बाथरूम चला गया। बाथरूम का दरवाजा खोलते ही उसकी दृष्टि सामने आइने की ओर उठ गयी... साफ-सुथरे दमकते आइने में उसी का प्रतिबिम्ब था... सपाट चेहरा लिये वो मूर्तिवत खड़ा था... किसी की कही एक बात कानों में गूँज उठी, हल्की सी मुस्कान बदसूरत इन्सान को भी खूबसूरत बना देती है... फिर जो इतना सुन्दर हो... वो मुस्कुराए तो...! उफ...! सोचकर ही रोमांचित हो उठती हूँ। वैसे बचपन में मुस्कुराते थे न...? खिलखिलाती बलखाती झरने सी हँसी भी गूँज उठी कानों में।

"सागर! कितनी देर है बेटा... नश्ता लगा दिया है।" माँ ने नीचे से पुकारा तो उसकी सोच पर विराम लगा। जल्दी से तैयार होकर वो नीचे डायनिंग हॉल में पहुँचा।

"जल्दी कीजिये माँ, पता नहीं कैसे देर हो जाती है? आठ बज चुके हैं।"

"अब निधि तो है नहीं जो सब कुछ टाइम पर और परफैक्ट मिलेगा। तुझे उसकी कद्र नहीं, पर मैं जानती हूँ उसके जाने से घर में कैसी रिक्तता आ गयी है। एक हफ्ते में ही सब कुछ खाली-खाली सा लगने लगा है।" सागर की माँ सुधा ने कहा तो वो असहज हो उठा।

"छोड़ो न माँ।"

"छोड़ ही तो दिया है।"

"मैं ने उसे जाने के लिये नहीं कहा था।"

"पर, रोका भी तो नहीं था सागर।"

"मैं इस बारे में कुछ सुनना नहीं चाहता। उसकी मर्जी वो यहाँ रहे न रहे।"

"और तेजी मर्जी? सुधा जी ने पूछा तो वो चुपचाप ब्रीफकेस और फाइल उठाकर बाहर चला गया। सुधा जी की आँखे छलछला उठीं। इस लड़के ने तो जैसे कसम खा रखी

है... कभी चैन से रहने नहीं देगा। बेहद प्यारी खुशमिजाज लड़की से शादी हुई है फिर भी खुद भी दुःखी रहता है और सबको दुःखी करता है। तिल का ताड़ और राई का पहाड़ बनाना कोई इससे सीखे। जीवन छोटी-छोटी बातों में खुशी ढूँढने का नाम है छोटी-छोटी बातों में दुःख बटोरने का नहीं। तभी फोन की घंटी बजी। दूसरी ओर निधि ही थी।"

"प्रमाण माँ!"

"सदा खुश रहो बेटा। कैसी हो?" सुधा जी का मन भर आया था। वो सुबक पड़ी थीं।

"ओह! रोती क्यों है माँ... उन्होंने कुछ कहा क्या? ऊपर से चाहे जो बोल दें, मन के अच्छे हैं... दिल से मत लगाइये। निधि ने कहा तो बोलीं, "ये तू समझा रही है मुझे, माँ हूँ मैं उसकी। तीस साल से दिन-रात साथ रहती हूँ।" मैं ने तेरे साथ बहुत बुरा किया बेटी। केवल अपने बारे में सोचा, तुझे बहुत अच्छा पति मिलना चाहिए था।"

"माँ! अब ऐसी बातें करेंगी न, तो मैं आपसे बात भी नहीं करूँगी। अगर आप ऐसा नहीं करतीं तो मुझ बिन माँ की लड़की को इतनी स्नेहिल माँ कैसे मिलती? एक न एक दिन सब ठीक हो जाएगा... वो भी जरूर बदलेंगे।"

"तेरी बात सच साबित हो, यही प्रार्थना कर सकती हूँ। वैसे उसने कभी फोन...!"

"नहीं किया तो क्या... आज नहीं तो कल जरूर करेंगे।" निधि ने आत्मविश्वास से कहा। सुधा जी ने पूछा,

"तुम्हारी बहन की सगाई की डेट तय हुई या नहीं?" "लीजिये! जो बताने फोन किया था, वही भूल गयी। माँ, परसों सगाई है... आप दोनों को आना है। आप आएंगी तो हम बच्चों को माँ की कमी नहीं खलेगी।"

"मैं समय पर आ जाऊँगी बेटी। पर सागर के बारे में कुछ नहीं कर सकती।" कहकर सुधा जी ने फोन रख दिया था।

ठीक ही तो है, वो एक माँ होकर भी सागर के बार में कुछ नहीं कह सकतीं। बचपन से ही वो एक अजीब सी सनक के साथ बड़ा होता रहा है। गुस्सा तो जैसे नाक पर सवार रहता है... पता नहीं जीवन में क्या चाहिए उसे? विधाता ने

मुक्त हस्त से सब कुछ झोली में डाला है। शानदार व्यक्तित्व, उच्चपद, धन-वैभव... न जाने शान्ति और आनन्द डालना क्यों भूल गया? सुधा जी जितना सोचतीं उतनी ही दुःखी हो उठती थीं। सोचा था निधि के आने से उसके प्यार भरे व्यवहार से वो बदल जाएगा, पर नहीं वो तो विवाह के महीनों बाद भी वैसा ही रहा, मौन... चुप... भीतर ही भीतर सनसनाता सा। और जब बोलता, तो मानो ज्वालामुखी फट पड़ता था।

उस दिन ऐसा कुछ भी नहीं हुआ था जिसे इतना तूल दिया जाता... पर सागर तो सागर है न, सुबह उठते ही उसके कमरे से जोर से एक चीख आई थी... माँ...! निधि...! दोनों भागती हुई सी ऊपर पहुँची थी। सागर का गुस्से से बुरा हाल था।

"समझा दो अपनी लाडली बहु को, आइन्दा वो ऐसा न करे। सौ बार कह चुका हूँ, पर इसके कान पर जूँ नहीं रेंगती।" क्या किया निधि ने! वो अचरज में थीं।

"देखो! जरा बाथरूम का शीशा देखो... मेरे मना करने पर भी ये अपनी आदत से बाज नहीं आती फिर से चिपका दी वहीं पर..." सागर माँ का हाथ पकड़कर लगभग खींचता हुआ बाथरूम में ले गया। निधि भी पीछे खड़ी थी। ओह! तो ये बात है, जनाब को इस कारण गुस्सा आया है... वो मन ही मन मुस्कुराई, पर चुप रही। सागर ने आइने की तरफ इशारा किया तो सुधा जी हँस पड़ीं, "ये"!

"ये क्या? कितनी बार समझाऊँ कि मुझे बेतरतीबी अच्छी नहीं लगती... बिन्दी चिपकाने के लिये बाथरूम का आइना ही मिला इसे?"

"क्या ये इतनी बड़ी बात है जिस पर इतना रिऐक्ट किया जाय?" निधि ने पूछा तो सागर बौखला कर बोला "अपनी आदतें बदलो नहीं तो दूसरे कमरे में रहो।"

"सागर! क्या बोल रहे हो, ये तुम्हारी पत्नी हैं।" सुधा जी ने जोर से कहा।

"तो क्या करूँ... देवी मानकर पूजने लगूँ?"

"माँ जी! बात मत बढ़ाइये। कुछ भी कहियेगा, ये नहीं समझेंगे।" निधि सास का हाथ पकड़कर कमरे से बाहर ले आयी।

"हाँ समझने का ठेका तो तुम दोनों ने ले रखा है न।

आइन्दा ऐसा ना हो... कभी बुक शेल्फ टेढ़ा मिलता है, कभी आल्मारी बिखरी मिलती है... और आइने पर रोज बिन्दी ठोक डाली जाती है। कोई भी चीज जगह पर रख देने से जान चली जाएगी क्या? मेरे साथ नहीं रह सकती तो जा सकती है...!" वो बोलता जा रहा था और दोनों सास-बहु किचन में चाय की चुस्कियाँ ले रही थीं।

"शान्त रहिये माँ, अब मैं आ गयी हूँ न, इन की आदतें न बदल डालीं तो निधि नाम नहीं। पर ये इतना रियेक्ट क्यों करते हैं... छोटी-छोटी बातों पर ऐसे भड़कते हैं जैसे सब कुछ समाप्त होने वाला हो।" निधि ने कहा तो सुधा जी धीरे-धीरे मन की गाँठ खोलने लगीं... ये बचपन में बेहद खुशमिजाज प्यारा सा बच्चा था। अपने पिता से बहुत प्यार था इसे... आठ साल का था जब एक लम्बी बीमारी भोगकर इसके पिता इस नश्वर दुनियाँ को त्याग गये। इसका मासूम बचपन अपने चाचा में सहारा तलाशने लगा। चाचा और भतीजा दो शरीर एक प्राण जैसे थे... पर हाय रे नियति! सोलह साल का रहा होगा कि मेरे देवर की एक रोड एक्सीडेंट में मृत्यु हो गयी। सागर टूटकर बिखर सा गया... उसने खुद को अपने आप में समेट लिया... एक आवरण सा बना डाला अपने चारों ओर, वहाँ मेरा प्रवेश भी निषेध था। उसका कमरा... उसके कपड़े... उसकी किताबों की अल्मारियाँ... कैरमबोर्ड... बैडमिन्टन रेकैट... और उसका रेडियो... बस इतनी ही दुनियाँ थी उसकी जो उसके अनुसार परफैक्ट थी। बाहर की दुनियाँ से उसे नफरत सी थी... इसकी वजह भी थी।, न जाने कैसी किस्मत लिखा कर लाया था. .. एक ही मित्र बना तीस साल के जीवन में, वो भी रूपयों के लेन-देन के कारण दुश्मन बन गया। इससे पचास हजार रूपये लिये, और लौटाने के नाम पर बहाने... फिर झगड़ा. .. विवाद... फिर आधे पैसे पाकर दोस्ती की समाप्ति, खैर! वो जीवन में जो पाने की तमन्ना करता रहा... खोता रहा। उसने कई बार मुझसे भी कहा, "इतना प्यार मत दर्शाओ, चली जाओगी इस दुनियाँ से... मैं अभागा हूँ... जिसे प्यार करता हूँ वो!" उसकी मनपसन्द चीजें टेबल पर सजाकर प्रेम से परोसकर पूछती, "कैसी बनी है खीर? भरवाँ कचोरियाँ... बेसन की कढ़ी... मूंग दाल का हलवा... बन्दगोभी के कोफ्ते? तुम्हे पसन्द है न?" वो चिढ़ जाता... "मुझे कुछ भी पसन्द नहीं... अब

अगर चीजें पसन्द करूँगा तो तुम्हारे भगवान इन्हें भी संसार से गायब कर देंगे। फिर ढूँढ़ती रहना बंदगोभी... मूंग दाल!" मैं लाख समझाती, पर वो पाषाण प्रतिमा सा इस इरादे पर दृढ़ रहता कि ईश्वर नहीं है, वो जो चाहेगा उसे नहीं मिलेगा... जिससे प्रेम करेगा उसे दुनियाँ छोड़कर जाना होगा, वो एक नकारात्मक विचारों के अभेद्य दुर्ग में कैद सा होता जा रहा था।

एक बार मैं ने उससे कहा, "सागर, क्या तुम्हें नहीं लगता हमें एक बार मनोचिकित्सक के पास...।" वो जोर से चीख पड़ा था, "मैं अब तुम्हें पागल लगने लगा हूँ?" मैं हत्प्रभ... अवाक सी बैठी रह गयी थी। एक सप्ताह तक उसने मुझ से बात नहीं की थी... अपने कमरे... अपनी चीजों... के मध्य गुम हो गया था। समय बीतता रहा... इतनी कुशाग्र बुद्धि... उच्च शिक्षा... उच्च पद और तुम जैसी सुघड़ पत्नी पाकर भी खुश नहीं... समझ मैं नहीं आता क्या करूँ? सुधा जी बिलख-बिलखकर रो पड़ी थी। सास को सान्त्वना देती निधि के मन में कई प्रश्न थे। वो गहन चिन्तन में पड़ गयी थी। हे ईश्वर! सदा आपकी शरणागत रही हूँ... आपकी अपरम्पार दया सदा अनुभव करती रही हूँ। बचपन में माँ छीन ली तो माँ जैसी सास दे दी। इतने अच्छे पिता... बहन भाई सब कुछ दिया है। अगर पति ऐसा दिया है तो इसके पीछे भी कोई कारण है. .. शायद मेरे माध्यम से आप सागर को जीवन के सकारात्मक प्रवाह की ओर मोड़ना चाहते हैं। मैं हिम्मत नहीं हारूँगी। निधि ने सुधा जी से अकेले में कुछ बाते की और एक घंटे की मंत्रणा के बाद उसका चेहरा फूल सा दमक रहा था।

दूसरी शाम सागर ऑफिस से लौटा तो देखा माँ और निधि सामान के साथ तैयार बैठी है। "क्या हुआ? कहाँ जा रही है?" उसने पूछा।

"मैं निधि को छोड़ने बस स्टैण्ड जा रही हूँ।"

"निधि कहाँ जा रही है?"

सुधा जी की जगह निधि ने ही जबाब दिया, "आपने ही तो कहा था न, कमरा अलग करने... कमरा अलग करके पति-पत्नी को रहना पड़े, इससे अच्छा तो मायके जाकर रहना है।"

"जैसी तुम्हारी मर्जी।" कहकर सागर पैर पटकता हुआ अपने कमरे में चला गया। छलछलाई आँखे पोछती निधि भी

सुधा जी के साथ बाहर चली आयी।

सुधा जी घर लौटीं तो देखा सागर ड्राइंगरूम में बैठा उनका इन्तजार कर रहा है।

"आज बैडमिन्टन खेलने नहीं गये?" उन्होंने पूछा।

"ये मेरा प्राब्लम है, आप ये बताइये वो कब तक वहाँ रहेगी... कभी न कभी तो लौटेगी न?"

"पता नहीं, उसने कहा है जब तक तुम लेने नहीं जाओगे वो नहीं आएगी।"

"ओके... तब रहे वहीं... मैं भी चैन से रहूँगा। पिछले कुछ महीनों से मेरी जिन्दगी बिखरकर रह गयी थी।" माँ को अवाक सा छोड़कर वो दनदनाता हुआ अपने कमरे में चला गया था।

निधि को गये दस दिन हो चुके थे जब सुधा जी उसकी बहन की सगाई में गयी। निधि ने स्नेह से कहा था, "चिन्ता मत कीजिये, उन्हें अकेला छोड़ दीजिये। बात सुलझने के बजाय उलझने लगे, बनने के बजाय बिगड़ने लगे तो कुछ समय सब को अकेले ही बिताना चाहिए। मैं चाहती हूँ उन्हें हमारी कमी खले... हमारी अहमियत को वो समझें... हमारा अहसास हो उन्हें... बस आप मन को जरा कठोर बनाइये। कल सुबह निर्मला मौसी के पास जयपुर जा रही हैं न?"

"हाँ! सुनकर ही भड़क उठा था, ये निर्मला मौसी इतनी प्यारी कब से लगने लगी? पहले तो कभी एक दिन से ज्यादा नहीं रहीं... अब एक हफ्ता? हाँ... रह लूँगा अकेला... मुझे किसी की आदत नहीं है।" सच कहती हूँ निधि, एक पल को ममत्व उमड़ पड़ा था... फिर तेरी बात भी सही लग रही थी... इसलिये जाने का निर्णय ले लिया।

माँ और पत्नी के जाने के बाद अजीब से सूनेपन से घिरे घर में सागर नितान्त एकाकी रह गया था। उसके मन में विचारों का बवंडर चल रहा था। वर्षों से सुप्त पड़ी संवेदनाएँ नन्हें अंकुरों सी सर उठाने लगी थीं। निधि कितनी स्नेहिल और समझदार लड़की है... कितना झिड़कता हूँ उसे... फिर भी कोई प्रतिकार... प्रतिवाद नहीं। एक मैं हूँ, बात-बात पर झुंझलाना... चिढ़ना... ठीक ही तो कहा था निधि ने, आखिर

मुझे चाहिए क्या? मैं मुस्कुराता क्यों नहीं? ठीक है पापा गये... चाचू भी गये... पर जीवन का स्पन्दन तो मेरे लिये छोड़ गये न! कितना प्यार करता हूँ माँ से... पर सामने आते ही न जाने क्यों चिड़चिड़ा हो जाता हूँ! उफ! कैसे निकलूँ इस चक्रव्यूह से? सागर का मन बेहद व्यथित था। वह माँ से फोन पर बात करना चाहता था... निधि को घर लाना चाहता था... पर अहं आडे आ रहा था... बार... बार वर्षों से संचित दंभ सर उठा रहा था।

ऐसे में एक दिन ऑफिस में उसे कुरियर से एक लिफाफा मिला। क्या है इस गुलाबी लिफाफे में? उसने तुरन्त खोला... निधि का पत्र सामने था... लिखा था,

"कैसे है? अच्छे ही होगें... मेरे बिना। आपकी सारी चीजें यथास्थान रखी रहती होंगी। हर चीज आपकी, कोई बांटनेवाला नहीं। वाह! कितना अच्छा समय गुजर रहा होगा। माँ भी घर पर नहीं... इसलिये कोई टोकनेवाला भी नहीं... अच्छा लग रहा होगा, है न? वैसे एक बात बता दूँ, विवाह दो दिलों का पावन मेल है, केवल दो परिवारों या शरीरों का नहीं। आपके दिल में क्या है मैं नहीं जानती, पर मेरे दिल में बहुत कुछ है... मैं आपको बहुत मिस करती हूँ... अच्छा नहीं लग रहा आपकी डाँट के बिना...। फोन तो करेंगे नहीं, फोन करूँगी को उठाएंगे नहीं... मुझे लेने आएंगे नहीं... खुद मैं आ नहीं सकती। आप अपनी आदत से बाज नहीं आ सकते, मैं अपनी आदत से... आखिर मेरा भी "ईगो" है न? बिन्दी आइने या दीवार पर चिपकाना आज भी जारी है... किताबें, चाभियाँ अब भी कहीं रखकर भूल जाती हूँ... कुर्सी पर नाइटी और साड़ी मोड़कर अभी भी रखती हूँ अब क्या करूँ आप ही बताइये? ठहरी हुई जिन्दगी कोई जिन्दगी है? या तो एक कदम आप उठाइये, या मुझे उठाने दीजिये... माना आपने जीवन में कई महत्वपूर्ण रिश्ते खोये हैं, पर जो हैं, उन को मुट्ठी में सहेजिये ना... नहीं तो ये भी...! खैर छोड़िये, ज्यादा लिखूँगी तो आपको भाषण लगेगा या कागज की बर्बादी। क्या करना है बताइये... अभी फोन करके...। कल आ जाऊँ... या आप...?

जिसे आपकी हर चीज बाँटने का हक है वो- निधि।"

सागर की आँखे भर आयीं। मन का बोझ मानो फूल सा

हल्का हो गया। कितनी समझदार पत्नी मिली है, उसने सोचा। थोड़ी ही देर में उसने माँ का नम्बर मिलाया, "माँ! आपकी बहुत याद आ रही है... बस कल पहली गाड़ी से आ जाइये।" सुधा जी का मन आनंद से तरंगित हो उठा था। दूसरी शाम जब वो घर लौटीं तो दरवाजे पर बेटे-बहु को साथ देखकर खुशी से मन का कोना-कोना भीग उठा। उन्होंने दोनों को गले लगाकर कहा, "मुझे तुम दोनों से यही उम्मीद थी।"

रात के अन्तरंग क्षणों में सागर ने निधि से कहा, "तुमने मुझे जीना सिखाया है... जीवन के हर क्षण को उल्लास से जीना और रिश्तों की अहमियत समझकर खुद पहल करना ही वास्तविक खुशी है।"

"हूँ! वो तो है... पर जरा उधर देखिये न...।" निधि ने सामने ईशारा करते हुए कहा। सागर ने देखा, ड्रेसिंग टेबल के आइने पर निधि की बड़ी सी लाल बिन्दी चिपकी हुई है।

"फिर बेतरतीबी कर दी!" निधि जोर से हँस पड़ी।

"ये बेतरतीबी नहीं... तुम्हारा अहसास है निधि।" कहकर सागर ने स्नेह से उसे अंक में समेट लिया।

दिल की दहलीज़ के उस पार

टन... टन...!

दूर घंटाघर की घड़ी ने दो बजने की सूचना दे दी थी, पर जया की आँखों में नींद नहीं थी। जब मन में भारी उधेड़बुन हो और विचारों का बवंडर कहीं और उड़ाए लिये जा रहा हो तो, नींद बैरन बन ही जाती है।

आज जया ने एक ऐसे सत्य का साक्षात्कार किया था, जिसने उसके रोम-रोम में वेदना की उस अग्नि का प्रज्वलन कर दिया था, जो शायद आजीवन शमित नहीं होगी। आज उसने नारी होते हुए भी नारी के उस प्रच्छन्न... अनजान रूप को देखा था, जो अप्रत्याशित... अवर्णनीय अनाकलनीय... और पीड़ा के गुरूतर भार के कारण असहनीय भी था। एक नारी... और उसकी स्वाभाविक नारी सुलभ कोमल मधुर... भावनाओं और स्वप्निल कामनाओं के मध्य संघर्ष का वो मंजर देखा था, जो रोंगेटे खड़े कर देने वाला था।

मात्र दो वर्ष पहले इस घर में ब्याह कर आयी जया ने खुशियों के हर रंग को भरपूर जीया है, पर आज सुबह की घटना ने उसे पीड़ा के महासागर में उतार दिया था। उसकी आँखों में विगत के कई मीठे चित्रों के साथ और भी बहुत कुछ कौंध उठा था।

शहनाईयों की मधुर गूंज, हँसी-ठिठोली और उल्लास के साथ जब जया ने ससुराल में पहला कदम रखा तो जिसने आरती की थाली लेकर स्वागत किया, उसका रूप देख कर वो दंग रह गयी थी। काले पाड़ की सफेद साड़ी, दूध में धुले केसर सा गोरा गुलाबी चेहरा... अधरों पर अदभुत, वात्सल्यमिश्रित मुस्कान... आँखों में स्नेह, आशीष और ममत्व का अजस्त्र स्त्रोत...। नारी सौन्दर्य का उदात्त और निष्कलंक रूप सामने था

"आओ दुल्हिन!"

शहद से भी मधुर स्वर कानों में उतरी तो जया की तंद्रा भंग हुई थी।

"जया! ये ही हैं मेरी भाभी, मेरी बहन... मेरी माँ. .. जो चाहे कह लो।" अभिनव ने झुककर आदर से उनके

चरण छूए तो जया भी उनके चरणों में श्रद्धावनत हो गयी थी। ओह! तो ये हैं आद्या भाभी? जिनके बारे में रास्ते भर अभिनव बातें करते आये थे और वो मंत्रमुग्ध-सी सुनती रही थी, एक विशालहृदया, ममतामयी भाभी की कथा।

"मात्र बारह वर्ष का था मैं उस वक्त... जब तीर्थयात्रा से लौटते वक्त अम्मा-बाबूजी एक ट्रेन हादसे में चल बसे थे। भाभी ने ही मुझे माँ-बाप का प्यार दिया... पढ़ाया-लिखाया। हर तरह से मेरी देखभाल की। अपना सारा दुःख भुला कर पूरा जीवन मेरे सुख के लिए ही केन्द्रित कर दिया। जानती हो जया शादी के मात्र दो महीने बाद ही एक सड़क दुर्घटना में भैया की भी दर्दनाक मौत हो गयी थी। भाभी को उनके मामा-मामी ने पाला था। वृद्ध मामा उन्हें लेने आए तो उन्होंने यह कहकर जाने से इन्कार कर दिया कि अब इसी घर में वो पूरी जिन्दगी काटेंगी। मेरी माँ के अनुसार वो ऐसी विषकन्या थीं जिसने उनके सोने जैसे बेटे को डंस लिया था।

जब तक माँ जीवित रहीं कभी दो मीठे बोल भाभी को नहीं कहे... जब भी पुकारा अभागिन कहके ही पुकारा... पर उन्होंने कभी प्रतिकार नहीं किया। स्वयं एक गहन मौन के दायरे में कैद हो गयीं। और माँ-बाबू जी के बाद मुझ अनाथ को इतना प्यार और ममत्व दिया कि सात जन्मों में भी उनका कर्ज नहीं उतार सकता। जया...! कभी भूलकर भी भाभी का दिल मत दुःखाना... मैं उन्हें वो सारे सुख-सम्मान देना चाहता हूँ जो एक बेटा अपनी माँ को दे सकता है...।"

अभिनव की पलकें बार-बार आर्द्र होकर छलक उठती थीं। जया का मन पति के प्रति अपार स्नेह और आदर से भर उठा था। अपने मूल्यों, संस्कारों और कर्त्तव्यों के प्रति कितनी चाह है इनके मन में उसने पति के हाथ पर अपनी हथेली रखते हुए स्नेहार्द्र कण्ठ से कहा था, मैं आपको कभी शिकायत का मौका नहीं दूंगी।

"बहुभोज" के बाद सभी अतिथि, रिश्तेदार चले गये तो घर में केवल तीन लोग बचे। जया, अभिनव और आद्या भाभी। कुछ ही दिनों में जया को अनुभव हो गया कि निश्छल स्नेह की परिभाषा क्या है? उसे भाभी से इतना अपनापन मिला कि उसका दामन छोटा पड़ने लगा। वो सोचती, ठीक कहते हैं

अभिनव भाभी के हृदय में प्रेम और ममत्व का अजस्त्र स्त्रोत है। जो भी उनके सम्पर्क में आता है एक मीठी अनुभूति से भीग उठता है। जया को जैसे ममता की वो घनी छाँव मिल गयी थी, जिसके लिए उसका बचपन, किशोरावस्था और युवावस्था तरसती रही थी। मायके में केवल पुरुष ही थे... माँ उसे जन्म देकर परलोक सिधार गयी थी... तीन बड़े भाइयों में से किसी का विवाह भी तो जब तक नहीं हुआ था। जया के लिए माँ... बहन...भाभी... जैसे सारे पवित्र रिश्ते, जैसे एकत्र समाहित हो कर आद्या भाभी के रूप में ही ढल गये थे। अपने सौभाग्य पर इतराती वो तितली की तरह घर भर में डोलती फिरती।

एक दिन जया को टोकते हुए भाभी ने कहा था, दुल्हिन! तुम ने "दुर्गा शप्तशती" की एक पंक्ति पढ़ी है कभी... आर्या दुर्गा जया च आद्या त्रिनेत्रा शूलधारिणी...। आद्या और जया दोनों माँ दुर्गा के ही नाम हैं, जितनी निकटता इन दोनों नामों में है, उतनी ही हम दोनों बहनों में भी है न? तुम मुझे भाभी नहीं, दीदी कहा करो।

"ठीक है, पर आप भी मुझे दुल्हिन नहीं जया कहेंगी।" कहकर वो उनके गले से लिपट गयी थी। जैसे-जैसे समय बीत रहा था, जया अपनी आद्या दी की विशेषताओं से रूबरू होती जा रही थी। उन्हें अच्छी साहित्यिक पुस्तकें पढ़ने का बेहद चाव था। उनके कमरे में बड़ी-बड़ी शीशे की अल्मारियों में ढेरों किताबें करीने से सजी थीं। अमृता प्रीतम प्रेमचन्द शिवानी... निराला... जयशंकर प्रसाद... शरदचन्द्र... टैगोर... दिनकर... महादेवी वर्मा... जैसे महान साहित्यकारों की पुस्तकों के साथ-साथ गोर्की, शेक्सपीयर, स्टीफन स्वाइंग... बॉयसो आदि विदेशी साहित्यकारों की किताबें भी थीं जो आद्या दीदी की सुरूचि और चिन्तनशीलता का निदर्शन थीं।

"पुस्तकें इन्सान की सबसे बड़ी मित्र होती हैं, जया... अच्छा साहित्य उस दर्पण की तरह होता है, जिसमें सारे दोष-गुण स्पष्ट दिख जाते हैं। पुस्तकें तो प्रकाशगृह की तरह हैं, जो समय के विशाल और अगाध सागर में पथप्रदर्शक की तरह खड़ी हैं।"एक दिन उन्होंने कहा तो जया आश्चर्यचकित रह गयी थी। इतना सौन्दर्य... इतनी विद्वता...? कितना आकर्षक व्यक्तित्व है आद्या दीदी का। वो भावविभोर होकर बोली थी।

"आपको ईश्वर ने हर उस गुण से नवाजा है, जो जीवन में आभूषण स्वरूप होते...।" उसकी बात बीच में ही काटकर उन्होंने भरे गले से कहा था, "यदि भावरत्न ही खो जाय तो अन्य किसी भी आभूषण की क्या अहमियत रह जाती है जया?"

आद्या दीदी के स्वर ने जया के मर्म को स्पर्श कर लिया था। जब से वो इस घर में आयी है, उसे दीदी की आँखों में खामोशी का गहरा सागर हर पल लहराता दिखा है। जो उनके हृदय में प्रश्नों की एक विशाल श्रृंखला का स्पष्ट संकेत देता है। जिनके पास शब्द थोड़े से होते हैं, उनके पास अनुभव और एक गहरी पीड़ा की विराटता होती है जया जानती थी।

घर संवारना हो या मेहमानों की आवभगत, किसी त्योहार की तैयारी हो या सुस्वाद व्यंजन बनाना, आद्या दीदी की सुघड़ता सर्वत्र दिखती थी। जया को उनकी सिर्फ एक बात अच्छी नहीं लगती थी, उनका प्रत्येक परिस्थिति में मौन रहना। अभिनव के कई रिश्तेदार इसी शहर में थे। किसी-न-किसी चाची, भाभी, बुआ या दीदी का आना-जाना लगा ही रहता। सबकी बातों से यही लगता कि इस दुनिया में दीदी जैसी अभागिन दूसरी कोई और नहीं। ऐसे अनुपम रूप के साथ ऐसा काला भाग्य, ईश्वर किसी दुश्मन को भी न दें। जो भी आता ढेरों नसीहतों के साथ झूठे दुःखों की पोटली जबरन दीदी के हाथों में धमाकर चला जाता। जब किसी की बात उनके अन्तर्मन में गहरे तक चुभ जाती, वो घंटों अपने कमरे में बंद रहतीं। लाख दस्तक पर भी नहीं खोलती थीं।

जया का जी चाहता वो भी उन सबको खरी-खोटी सुना डाले। पर दीदी की भीगी मौन आँखों में मुखर होता एक संकेत उसे इस सोच से विरत बना डालता। पर एक दिन सबके जाने के बाद वो फट पड़ी थी।

"आप सबकी बेकार की बातों को चुपचाप क्यों सुन लेती हैं? क्या कोई भी जान सकता है, उसके साथ क्या घटित होने वाला है? सभी नियति के आगे विवश हैं, फिर आपके माथे ही दोष क्यों मढ़ दिया जाता है? मैं तो इस घर में आना, अपना परम सौभाग्य मानती हूँ... पिछले जन्म का संचित पुण्य... और लोग आपको अभागी कह जाते हैं। ये सब मुझे कील सा दंश देता है दीदी।"

"पगली, एक एकाकी स्त्री को बहुत कुछ भोगना पड़ता है... असंख्य दंश सहने पड़ते हैं... यही उसकी नियति है, किसी को व्यर्थ दोष देना ठीक नहीं है।" वो बिलख पड़ी थीं और उस दिन आँसुओं के साथ उनकी सम्पूर्ण अव्यक्त व्यथा भी बह निकली थी जैसे शब्दों के रूप में ढलकर आकार पाने के लिए आतुर और बेताब हो उठी हो।

"अभि के भैया क्या गये प्रारब्ध के भंवर में मेरी सारी उंमगे... सारे सुख विलीन हो गये। विषकन्या, अभागिन सुन-सुन कर मैं जीवन से विरक्त-सी होती जा रही थी। जिस सौन्दर्य को ईश्वर का वरदान माना जाता है, वही सौन्दर्य अभिशाप लगने लगा था आत्महत्या कर लेने का विचार तेजी से मन-मस्तिष्क में जड़ें जमाता जा रहा था, कि अचानक... नियति ने एक तुरुप का पत्ता और फेंका। अनाथ अभि की मासूम भोली सूरत ने मुझे झकझोर कर जगा दिया। मुझे लगा... मेरा जीवन अपना कहाँ रहा... वो तो अभि की आसुँ भरी आँखों में कब का डूब गया और मेरा पुनर्जन्म हुआ है... सिर्फ अभि की परवरिश के लिये। हृदय पर पत्थर रखकर जीवन से जंग शुरू कर दी। सारी उमंगों और खुशियों के साथ-साथ मनोगत पीड़ा को भी दिल की दहलीज़ के उस पार झटक दिया। कोरे दिल में अब केवल अभि का बेहतर भविष्य और उससे जुड़ी चिन्ताएं रह गयी थीं।"

"ऐसे में जीवन के इस दुर्गम मोड़ पर बी.ए. की डिग्री काम आयी और एक स्कूल में नौकरी मिल गयी। जीवन एक लीक पर सरकने लगा... जहाँ सर्वत्र अजीब सा सन्नाटा था... और थीं ढेरों किताबें... मेरे अकेलेपन की साथी। अभि की शरारतें, बचपना रूठना... जिद करना... हँसना मुस्कुराना इन अमूल्य लम्हों को अपने आँचल में सहेजती मैं कब... न जाने किस क्षण से... उसकी माँ बनती चली गयी। और बचपन की दहलीज़ लाँघकर अभि ने युवावस्था में कदम रख दिया है, इसका भान मुझे तब हुआ जब एक दिन शांता बुआ ने कहा, "बहु! समय भी न जाने कैसे बीत जाता है। देखते-दखेते अभि इतना बड़ा हो गया। पर उसका बचपना देखो... हमेशा, तुम्हारे पीछे-पीछे भागता रहता है...।"

बुआ की बात मुँह में ही रह गयी थी। आँधी की तरह अचानक कमरे में दाखिल हुए अभि ने हमेशा की तरह मेरे हाथ

पकड़कर खींचते हुए कहा था, "मुझे बहुत भूख लगी है भाभी। वैसे खीर तो आपने बनाई ही होगी... उठिये... जल्दी उठिये।"

मैं बुआ के सामने न जाने क्यों असहज हो उठी थी। बुआ की तीखी नजरें अभिनव की एक-एक हरकत पर इस तरह गड़ी हुई थीं जैसे उन्हें किसी महीन सी वस्तु की तलाश हो। उनके चेहरे पर कौंधती कसैली मुस्कान से मेरा कलेजा दहल गया था। हे ईश्वर! बुआ की आखें कहीं वही तो नहीं खोज रहीं... जो युग-युगान्तर से एक स्त्री और पुरुष के बीच तलाशा जाता रहा है? वही आदिम सोच कहीं बुआ के मन-मस्तिष्क पर भी तो...? मेरा सर्वांग काँप उठा था जया...।

जया हतप्रभ सी सुनती जा रही थी। आद्या दीदी न जाने आज किस मनःस्थिति में थीं, मौन बिखरकर टुकड़े-टुकड़े होकर झरता जा रहा था...।

उस दिन मैंने पहली बार गौर से अभि को देखा... अठारह वर्ष की परिधि लाँघती उम्र... गोरा चिट्ठा भरा-भरा शरीर... लम्बा चौड़ा कद... चेहरे पर मूछों की मद्धिम सी रेखा... बड़ी-बड़ी आँखों में पड़ते गहरे लाल डोरे... बिल्कुल अपने भैया जैसा ही तो लगने लगा था अभिनव। और मैं उसे अब तक बच्चा ही समझ रही थी? बुआ की नजरें उस दिन कलेजे में तीक्ष्ण तीर की तरह चुभी थी। और मन में कोलाहल मच गया था। उस दिन के बाद जब भी अभिनव मेरे कन्धों पर स्नेहवश झूलता या मेरा हाथ पकड़कर कुछ कहना चाहता मैं उसे जोर से डपट देती, "छोड़ो ये बचपना..." वो हँसते हुए कहता, "आप तो कहती थीं न, माँ के लिए उसका बच्चा कभी बड़ा नहीं होता, फिर अब क्या हो गया?"

"मैं मौन रह जाती... क्या कहती, और कैसे कहती, कि भले ही मैं तुम्हें कोखजाए पुत्र से भी अधिक प्यार करती हूँ... हमारा देवर भाभी का रिश्ता और घर का सूनापन... दुनिया की नजरों में अब किरकिरी की तरह चुभने लगा है? एक दिन गाँव से वृद्धा चाची सास को मनुहार पूर्वक अपने पास बुला लिया। अभि ने उस दिन चिढ़कर पूछा था, "जिस चाची ने हमारे दुःख में कभी सुध नहीं ली...। बुढ़ापे में उसकी सेवा का चाव आपके मन में क्यों जाग गया?" मेरे पास अभि के इस प्रश्न का भी कोई उत्तर नहीं था। मैं तो सिर्फ इतना चाहती थी, कि

जो चिन्गारी आज बुआ के मन में कौंधी है, कल वो हवा का हल्का सा स्पर्श पाकर प्रचण्ड ज्वाला में न बदल जाय, इसके लिए किसी-न-किसी रिश्तेदार का हमारे साथ रहना जरूरी है।"

जया का हृदय आद्या दीदी की पीड़ा को महसूस कर... व्यथित हो रहा था। जब वो घर में पहली बार आयी थी उस वक्त भी चाची यहीं थीं... तीन-चार महीने पहले ही तो उनका स्वर्गवास हुआ है। उसने व्यग्र होकर पूछा-फिर...??

"फिर... समय धीरे-धीरे अपनी गति से बीतने लगा... एम.बी.ए. करने के बाद अभि को बढ़िया नौकरी मिल गयी तो उसने जिद करके मेरी नौकरी छुड़वा दी। सच कहती हूँ जया, पतिहीना होने का दर्द मुझे हर क्षण सालता है, पर... मैं सन्तानहीना नहीं हूँ। अभि जैसे देवर पर तो सौ सन्तानें न्यौछावर हैं...।" आद्या दीदी भावविहवल हो उठी थीं। जया ने आतुर होकर कहा था, अभि भाग्यवान है, जो उन्हें कभी माँ की कमी महसूस हीं नहीं हुई।

"तुम जैसी सुघड़ सलोनी छोटी बहन पाकर मैं भी तो निहाल हो गयी हूँ।" दीदी ने अपनी मुस्कान से वेदना की उस गहरी परत को तोड़ना चाहा था, जो कमरे के साथ-साथ उनके और जया के मन पर भी जम गयी थी।

जया साये की तरह दीदी के साथ लगी रहती। उन्हें खुश रखने का भरपूर प्रयास करती रहती। दिन पंख लगाये उड़ते जा रहे थे। अब आद्या दीदी को सिर्फ उस क्षण की प्रतीक्षा थी, जब वो अभिनव की सन्तान का मुँह देखेंगी। उनके मन में संचारित गहरी तृषा उनके आकुल चेहरे पर भी साफ प्रतिबिम्बित होती दिखती थी। धीरे-धीरे दो वर्ष गुजर गये। समय काटने के लिए जया ने भी अभिनव के ऑफिस में एक पार्ट टाइम जॉब कर लिया था। करीब दो महीनों से दोनों पति-पत्नी दस बजे ऑफिस चले जाते, और शाम को साथ ही लौटते थे। पर आज सुबह से ही जया को "माइग्रेन" का तीखा दर्द परेशान कर रहा था। सर पर मानो हथौड़े से बरस रहे थे। जब दवा लेने पर भी आराम नहीं मिला तो उसने अभिनव से कहा, वो ऑफिस चला जाय... आज वो नहीं जा सकेगी।

"भाभी, दरवाजा लगा लीजिये।" कहकर अभिनव रोज की तरह चला गया।

आद्या दीदी ने भी रोज की तरह दरवाजा लगा दिया और अपने कमरे में चली गयीं। उन्हें इस बात का पता हीं नहीं था कि जया अपने कमरे में ही। कुछ देर बाद जब जया का सरदर्द हल्का हुआ तो वो दो कप चाय बनाकर आद्या दीदी के कमरे तक आयी तो देखा दरवाजा उढ़का हुआ है। पाँव से दरवाजा खोलते हुए वो अचानक कमरे में आ गयी और बोली, "दीदी! मैं चाय...।" आगे के शब्द उसके कंठ में ही रह गये। सामने का दृश्य देखकर वो हत्प्रभ रह गयी थी। हाथ में पकड़ी ट्रे छूटकर जमीन पर गिर गयी थी... चाय भरी प्यालियों के टुकड़े छन्न से चारों तरफ बिखर गये थे... और फिर कमरे में भयंकर सन्नाटा छा गया था। जया की विस्फरित दृष्टि सामने का दृश्य देखकर जड़ हो गयी थी। आदमकद ड्रेसिंग टेबुल के सामने सोलह श्रृंगार किये आद्या दीदी बैठी थीं।

नीले पाड़ वाली लाल बनारसी साड़ी... कान-गले और हाथों में सोने के जड़ाऊ जेवर... माथे पर बेहद सुन्दर माँग टीका... नाक में लाल मोतियों की लड़ी से बंधी नथ... हाथों में लाल कामदार कंगन... पाँवों में पायल और माथे पर नग जड़ी अण्डाकार लाल बिन्दी।

"तुम?"

आद्या दीदी तो जया को देखकर चेतना रहित प्रस्तर प्रतिमा की भांति स्पन्दनहीन हो गयी थीं। दोनों की आँखें एक-दूसरे को देखकर आश्चर्य से फटी की फटी रह गयी थीं। कमरे में छाया मौन थोड़ी देर बार आद्या दीदी के हृदय विदारक रुदन से टूटा था। जया तो जैसे अपने आप में थी ही नहीं... उसकी समझ में नहीं आ रहा था, वो क्या करे... क्या कहे?

"मेरा यह रूप देखकर तुम्हें मुझसे घृणा हो गयी होगी न जया?" कुछ देर ठहरकर आद्या दीदी ने पूछा था।

"ये आप क्या कह रही हैं? पर... मैं... समझ नहीं पा रही...।"

"एक स्त्री के सारे सुख उसके पति में ही समाहित होते हैं। और मैंने... दुःख भरे सोलह वर्ष... एकाकी काटे हैं। जब किसी की बातें चुभती हैं... और अपना नीरस जीवन अन्तर्मन में दहक पैदा करने लगता है तो स्वयं में सिमट कर रह जाती हूँ।

रो-रो कर विधाता से पूछती हूँ... क्यों दिया ऐसा सौन्दर्य...जिसका कोई मूल्य नहीं... जिसमें कोई स्पन्दन नहीं?" वो फिर बिलख पड़ी थी।

"दीदी! मन के गुबार को बह जाने दीजिए नहीं तो पीड़ा नासूर बन जाएगी। मैं हूँ न... मैं बाटुंगी आपकी पीड़ा...।" जया ने कहना चाहा... पर कण्ठ अवरुद्ध हो गया।

एक-एक कर सारे आभूषण उतारती आद्या दीदी रोते-रोते कहती जा रही थी... मैं अभि के भैया की उस बात को कभी भूल नहीं पाती हूँ जो उन्होंने शादी के मात्र बीस दिन बाद आये तीज के त्योहार के दिन मुझसे कही थी। श्रृंगारप्रिया तो मैं थी ही... उस दिन पूरा श्रृंगार करके पूजा करने जा ही रही थी... कि उन्होंने अचानक आकुलता से मुझे निविड़ आलिंगन में बाँधते हुए कहा था, "लाल रंग प्रेम... ऊर्जा... स्पन्दन... गहराई और आकर्षण का प्रतीक होता है... सुना था... , पर आज प्रत्यक्ष देख भी लिया। लाल चूड़ियाँ... लाल साड़ी... सच, तुम आज इतनी खूबसूरत लग रही हो कि कहीं मेरी ही नजर न लग जाय। और ये... कत्थई बिन्दिया क्यों...? लाल रंग की ही बिन्दी भी लगाया करो... जिससे मैं मरते दम तक तुम्हारी ये छवि भुला न पाऊँ। वैसे... ऐसा श्रृंगार जब भी करोगी... मुझे अपने आस-पास ही पाओगी।"

दीदी फिर बिलख उठी थीं। आँसू पोंछकर उन्होंने अपनी भारी साँसों के साथ-साथ बनारसी साड़ी भी सहेजकर उस आलमारी में रख दी थी, जिसके बंद दरवाजे हमेशा जया को कौतुहल से भरते थे। आखिर क्या है इसमें जो दीदी इसे कभी खोलकर नहीं दिखातीं? एक बार उसने पूछा भी था, तो दीदी ने सहजता से टाल दिया था... घर के कुछ कागजात और पुरानी किताबें हैं जया और आज उसी आलमारी के पट आद्या दीदी के हृदय की तरह उसके सामने खुले पड़े थे।

माथे पर लगी नग जड़ी बिन्दी को उतारकर छोटे से मखमली डिब्बे में सहेजकर रखती हुई आद्या दीदी आर्द्र स्वर में कहती जा रही थीं... जिस शाम उन्होंने ये बिन्दी उपहार में दी थी... मेरे अन्तर्मन की प्रत्येक शिरा में प्रणय और विश्वास का सौरभ महक उठा था। पर मुझे क्या पता था कि समय का ब्याल मुझे तत्क्षण डसने वाला है... प्रियतम से विच्युति का पल

निकट है... और मैं... अब कभी किसी के सामने माथे पर बिन्दिया नहीं सजा पाऊँगी... जब भी बेचैन होती हूँ... पूरा श्रृंगार करके यही बिन्दी माथे पर सजाकर घंटों आइने में अपना प्रतिबिम्ब देखती रहती हूँ। उस क्षण वो सारे दुःख... अरमान जो दिल की दहलीज़ के उस पार मजबूरी में रखने पड़ते थे... हृदय द्वार पर दस्तक देने लगते हैं... और मैं उन्हें दबे पाँव हृदय के पट खोल भीतर आने देती हूँ... अचानक लगता है जैसे आइने में उनकी छवि भी कौंध उठी हो। होठों पर

हँसी नहीं मायूसी का भाव... और हवा में तैरते कुछ शब्द... क्षमा करना, छाया हूँ मैं... तुम्हारे सौन्दर्य पर ग्रहण लगा गया...।

आद्या दीदी की हृदयगत संचित वेदना की सीमाएं टूट गयी थीं। दोनों हाथों में चेहरा छिपाए वो फूट-फूट कर रो पड़ी थीं। जया का अन्तर्मन भी विदीर्ण हो उठा था। जीवन साथी से वियुक्त एक नारी और उसकी नारी सुलभ इच्छाओं के मध्य जब युद्ध छिड़ जाता है, तो वेदना उस पराकाष्ठा पर पहुँच जाती है जहाँ वाणी मौन हो जाती है और सारे स्पन्दन जड़। दोनों गले मिलकर रोती रहीं। कुछ देर बार दीदी ने उस आलमारी की चाभी जया के हाथ में थमाते हुए कहा, "इसे अब तुम्हीं रखो... मैं...।"

"नहीं दीदी! ये आपका नितान्त निजी और मन से जुड़ा मामला है... मैं इसमें कभी हस्तक्षेप नहीं करूँगी। मैं भी तो एक नारी हूँ, आपकी वेदना से अनभिज्ञ कैसे रह सकती हूँ?" कहती हुई जया की दृष्टि उस खुली हुई अलमारी के एक पल्ले पर सटे कागज पर लिखी हुई फ्रेंच कवयित्री एडिथ बॉयसो की दो पंक्तियों पर जाकर ठहर गयी... "मेरी आशाओं की नहरों में कुछ नहीं बहता... सूखी नहरें मेरे दुःखों कोउग्र नजरों से देखती हैं... व्याकुल करती हैं मुझे..."

उस क्षण को याद कर वो फिर सिसक पड़ी। अचानक पार्श्व में सोये अभिनव की नींद टूट गयी। उसने जया के माथे पर हाथ रखते हुए पूछा, "बहुत दर्द हो रहा है क्या?"

वो विचारों के गहरे भंवर में बाहर निकलती हुई बोली, "हाँ...!"

"सब ठीक हो जाएगा।" कहते हुए अभिनव ने जया को अपने अंक में समेट लिया। पति के सीने में सिमटी जया सोच रही थी, कितना मधुर होता है ये बाहुपाश... और कितना बड़ा संबल भी, जिसमें समाकर स्त्री अपनी सम्पूर्ण पीड़ा विस्मृत कर बैठती हैं। और कितना दुश्कर होता है वो सफर, जिसमें नियति सारी खुशियाँ दिल की दहलीज़ के उस पार रखने पर विवश कर देती है।

मैं हूँ ना!

रोज की तरह सुबह गैस पर चाय का पानी रखा ही था कि फोन की घंटी बजी... अनीता सोच में पड़ गयी, अभी...! किसका फोन होगा...?

"हलो!" उसने फोन उठा लिया।

"अन्नू! कैसी है?"

"अरे मनाली! तू... कहाँ से बोल रही है? कैसी है?" अनीता खुशी से उछल पड़ी।

"मनाली! तू मुझे मन्नू कहती थी ना... भूल गई?"

"अपनी इतनी प्यारी सखी को कोई भूल सकता है क्या? कहाँ से बोल रही है बता ना... मेरा नम्बर कहाँ से ढूँढ़ा।"

"अरे! सब फोन पर ही पूछेगी क्या? तेरे ही शहर में हूँ... शाम चार बजे तेरे घर आ रही हूँ...।" मनाली ने बताया तो अनीता का मन झूम उठा। घर का पता पूछकर मनाली ने फोन रख दिया और अनीता विगत के मधुर दिनों की स्मृति में खो सी गयी। मनाली... मनु! उसकी अभिन्न सखी... हँसमुख, मिलनसार, खुलकर जीवन जीने वाली सच! पूरे दस वर्ष जिसके साथ बिताए हों... फिर वर्षों विछड़ने की पीड़ा सही हो, वो अगर सामने आनेवाला हो तो मन आनन्द के हिंडोले पर सवार हो ही जाता है।

"आज चाय नहीं मिलेगी क्या?" पति की तेज आवाज से अनीता की तंद्रा टूटी। अरे! चाय का पानी तो जल गया! उसने हड़बड़ा कर जल्दी-जल्दी चाय बनाई और सब को उनके कमरों में रोज की तरह पहुँचा दी। फिर घर के सैंकड़ों काम निबटाते हुए कब शाम हो गई पता ही नहीं चला।

"अन्नू! मनाली ने आते ही उसे गले से लगाकर स्नेह से भींच लिया।"

"वाह! मन्नू, कितनी फिट और स्मार्ट लग रही है... क्या फिगर है... और चेहरा कितना दमक रहा है... क्या जादू है भाई!" अनीता प्यार से गले लग गयी थी।

"पर तू बता... तुझे क्या हो गया? निस्तेज चेहरा बेडौल शरीर... बीमार है क्या?" मनाली उसे देखकर सोच में पड़ गयी थी। कॉलेज में अनीता की सुन्दरता की चर्चे हुआ करते थे... आज मात्र दस वर्षों में वो कितनी बेजान और बीमार लगने लगी थी। देर रात तक दोनों सहेलियाँ सुख-दुख बाँटती रहीं... अनीता के दोनों बच्चे मनाली के साथ घुल-मिल गये थे। स्नेहा आठ वर्ष की थी और अनमोल पाँच साल का। अनीता के पति मनोहर एक मल्टीनेशनल कम्पनी में इन्जीनियर थे, वो भी मनाली से मिलकर बहुत खुश हुए... "बहुत अच्छा किया जो आप मिलने आ गयीं, हमारी श्रीमती जी को भी कुछ चेंज मिलेगा।"

सुबह मनाली सो कर उठी तो देखा अनीता किचन में व्यस्त है... दौड़-दौड़ कर सास और पति को कमरे में चाय, पानी पहुँचा रही है। बच्चों को भी उनके कमरे में दूध-नाश्ता पहुँचाकर कामवाली बाई को भी निर्देश देती जा रही है... और स्वयं अभी तक ना ब्रश किया है और न एक ग्लास पानी ही पीया है।

"उठ गयी मन्नू! हाथ-मुँह धो ले मैं अभी चाय लाती हूँ।" अनीता ने उसे देख कर कहा तो मनाली बोली, "हाँ! ले आ दोनों साथ बैठकर पीएंगे।"

"नहीं रे! अभी तू पी... मैं इनको ऑफिस और बच्चों को स्कूल भेजकर ही तेरे पास बैठ सकूंगी।"

चाय पीती हुई मनाली अनीता की हड़बड़ाहट और भाग-दौड़ को बहुत ध्यान से देख रही थी। घर विभिन्न प्रकार के शोर से गूँज रहा था।

"बहु! गर्म पानी में नमक डालकर दो... गरारे कर लूँ... और गीजर भी चला देना... ठीक है? फूल तोड़कर पूजाघर में रख देना... और आज नाश्ते में चीले बना देना...।"

"जी माँ जी!"

"अन्नू! नाश्ता बना? और मेरी वो फाइल कहाँ रखी है जो कल शाम को लाया था?"

"देती हूँ।"

"जल्दी नाश्ता लगा दो... देर हो जाएगी।"

"जी! बस नहाकर आइये सब तैयार है... जल्दी आइये, समय पर डायबिटीज और बल्डप्रेशर की दवा खानी चाहिए।" अनीता ने स्नेह से पति को कहा और पराठे सेंकने लगी।

"मम्मा! मैथ की बुक नहीं मिल रही।"

"माँ! मेरी टाई कहाँ है?"

"मम्मा! अनमोल मुझे मार रहा है?"

बीच-बीच में बच्चों की आवाजे भी गूँज रही थीं। सब का ध्यान रखती अनीता तेजी से काम करती जा रही थी, बीच-बीच में मनाली से बातें भी कर रही थी। सुबह के दस बजे तक दौडती रही फिर आलू के पराठे और चटनी प्लेट में परोसकर मनाली के पास ले आई... "मन्नू! तू नाश्ता कर मैं नहा धो कर किचन समेट कर थोड़ा पूजा-पाठ कर लूँ, फिर दोनों गप्पें मारेंगे।"

मनाली कुछ नहीं बोली, चुपचाप अपनी सहेली को देखती रही। सब काम समेटकर जब अनीता नाश्ता लेकर आई तो मनाली ने कहा, "घड़ी देख अन्नू!"

"घड़ी! हाँ बारह बजनेवाले हैं, क्यों?"

"तू रोज इसी समय नाश्ता करती है?"

"हाँ! लगभग इसी समय!" डब्बे से दवा निकालते हुए अनीता ने कहा।

"जानूमेट-50! ये तो शुगर की दवा है। तुझे भी डायबिटीज...?" मनाली हैरान थी।

"हाँ! पिछले वर्ष से है मन्नू...।"

"और तू बारह बजे तक भूखी रहती है?"

"काम ही इतना रहता है कि...।"

"अन्नू, अब मैं समझी तेरे निस्तेज चेहरे का राज... तू तो अपना ध्यान ही नहीं रखती... क्या घर के हर सदस्य की तरह तू अपना ध्यान नहीं रख सकती?" मनाली का स्वर कोफ्त से भर उठा था।

"अरे! तू ये क्या बात ले कर बैठ गयी, हर स्त्री का पहला कर्तव्य उसका घर-परिवार है, सबकी खुशी में ही तो उसकी भी खुशी होती है न?"

"हाँ! पर ये तो सोच, अगर तू बीमार पड़ जाए तो...! किसी कारणवश बिस्तर पकड़ ले तो?" मनाली ने पूछा तो अनीता बोली,

"अरे! ऐसा तो बोल भी मत... जब डायबिटिज का पता चला था न... उस समय बुखार, पेट दर्द से इतनी पीड़ित थी कि बिस्तर पर ही पड़ गयी थी... बाप रे! पूरा घर अस्त-व्यस्त, बच्चे, पति, सास सभी परेशान... एक भी चीज समय पर नहीं हो पाती थी... सब इतने तंग हो गये थे कि मेरे पति आज भी कहते हैं... तुम कभी बीमार मत पड़ना।"

अनीता जोर से हँस पड़ी थी। मनाली मौन रह गयी थी पर मन ही मन सोच रही थी कैसे अनीता को स्वयं अपना ध्यान रखना भी सिखाए।

दूसरे दिन सुबह मनाली पाँच बचे ही उठ गयी और जबरदस्ती अनीता को भी उठा दिया।

आज तो संडे है न... कुछ देर और सो लेते हैं मन्नू। अनीता नींद की खुमारी में थी।

"नहीं! अब भी जाग... अगले साल चालीस की हो जाएगी... अच्छा सुन! क्या तू अपनी प्यारी सखी को संडे का एक दिन उपहार में नहीं दे सकती?" मनाली ने प्यार से कहा तो अनीता मुस्कुरा कर बोली,

"तथास्तु!"

"आज का दिन मेरा... मैं जो भी कहूँगी, तुझे मानना पड़ेगा... वैसे भी परसों से मेरा कॉलेज खुल रहा है... परसों सुबह मुझे जाना होगा... ठीक है?"

"हाँ प्रोफेसर साहिबा!" अनीता ब्रश करके जल्दी से दो कप चाय बना लाई और दोनों सहेलियाँ "मार्निंग वाक" पर निकल गईं।

"रोज आधे घंटे की सैर, तुझे जोश से भर देगी अन्नू... फिर घर लौटकर छः बजे से घर के काम में लग जाना।" हाँ! आज वर्षों बाद सुबह की सैर का मजा ले पाई हूँ। अनीता

भी खुश थी। आते ही अनीता किचन में जाने लगी, तो मनाली ने टोका, रूक! आज का दिन मेरे हिसाब से... भूल गई...?

"अरे! अच्छा बता कैसे दिन की शुरूवात करूँ।"

"पहले पूजाघर साफ करके, नहा-धोकर आ फिर पूजा करके किचने में चली जाना।"

"पर...! सब को देर हो जाएगी... समय पर नाश्ता-चाय...!" वो हिचक रही थी।

"अभी छह बजकर बीस मिनट हुए हैं... सात बजे तक सब कुछ कर के किचन में जाना है, समझी! मनाली ने जोर से घुड़का तो वो भीतर चली गयी।"

आठ बजते-बजते नाश्ता टेबल पर लग गया था। मनाली ने सब को बुला लिया और अनीता से कहा, "आज तू भी पूजा-पाठ करके तैयार हैं, हमारे साथ नाश्ता कर...।" वाह! श्रीमती जी! आप और इस समय नाश्ता? अभी बारह कहाँ बजे हैं? "मनोहर ने हँसते हुए कहा तो बच्चे खुश हो कर बोले," वाह! मॉम आज तुम्हारे साथ नाश्ता! हमारा तो दिन बन गया।

थोड़ी देर बाद मनाली ने अनीता से कहा, "सच बता, इतनी सुबह दवा, चाय-नाश्ता करके अच्छा लग रहा है न? अन्नू! हम औरतें सब को हमेशा कहती रहती हैं, मैं हूँ ना! परेशान मत होना... पर एक पत्नी, एक बहु, एक माँ से कौन कहता है कि वो उसके लिये है... वो परेशान ना हो...?"

"कोई नहीं...!"

"जानती है क्यों? क्योंकि वो खुद अपने लिये नहीं कहती है कि, मैं हूँ ना!"

"मतलब?" अनीता सोच में पड़ गयी थी।

"पूरे घर का ध्यान रखनेवाली गृहणी स्वयं अपना ही ध्यान नहीं रखती... तू खुद को ही देख... कभी भी खाती है न एक्सरसाइज न कोई रूटीन... हाँ! पूरा परिवार एक रूटीन पर जरूर चलता है... सच बता तूने अपनी खुशी... अपने स्वास्थ्य के लिये क्या किया है अब तक?"

"मन्नु! क्या तू अपने लिए समय निकाल पाती है...? मुझे तो समय ही नहीं मिलता।" अनीता ने कहा तो मनाली

बोली, "हाँ! मैं क्या हर औरत अपने लिए समय निकाल सकती है... बस उसे अपनी अहमियत पता होनी चाहिए... सोचो जो स्त्री परिवार की धूरी होती है उसका स्वस्थ और खुश होना कितना जरूरी है... खैर छोड़ो मैं भी भाषण देने लगी... कहने या सोचने से कुछ नहीं होता, करने से होता है... मुझे वचन दे तू अपने जीवन में "पंच महामंत्र" का समावेश करेगी, और स्वस्थ-सुन्दर जीवन का श्रीगणेश करेगी...।"

"पंच महामंत्र?"

हाँ! सुबह सैर पर जाना, समय पर नाश्ता करना, व्यायाम के लिए आधे घंटे का समय जरूर निकालना, प्रत्येक दिन अपनी खुशी का एक काम जरूर करना और रोज स्वयं को आश्वस्त करना कि चाहे जैसी भी परिस्थिति हो... स्वयं अपने लिये मैं हूँ ना...!

"वाह! गुरूजी! मैं वचन देती हूँ आज से मैं इन्हीं मन्त्रों के अनुसार काम करूँगी।" अनीता मनाली के गले लग गयी थी और प्रशंसात्मक दृष्टि से उसे देखकर कहा था, "अच्छा! तो तेरे अच्छे स्वास्थ्य और खूबसूरती का राज यही पाँच मन्त्र है?"

"हाँ, चल खाने की तैयारी से पहले थोड़ा व्यायाम, मेडिटेशन कर लें... फिर दोपहर में थोड़ा आराम करके मैं तो एक कहानी शुरू करूँगी... तुझे क्या पसन्द है बता? मनाली ने पूछा तो अनीता ने सोचकर कहा, मुझे चित्र बनाना बहुत अच्छा लगता है। कब से कुछ नहीं बनाया...।"

"शुभस्य शीघ्रम!" मनाली ने कहा तो दोनों दिल खोलकर हँस पड़ीं।

शाम को भी दोनों सहेलियाँ मार्केट धूमने निकलीं... खूब बातें कीं... मनपसन्द चीजें खाईं भीं खरीदीं भी। अनीता बहुत खुश थी... रविवार का एक सार्थक दिन गुजारकर।

"तुम्हारे साथ ये चार दिन कैसे गुजर गये पता ही नहीं चला... फिर कब आएगी मन्नू? मनाली के जाने के समय अनीता भावुक हो गयी थी।"

"अब तू आएगी मेरे यहाँ... सहेलियों के साथ कुछ समय गुजराना भी तो हम स्त्रियों के लिए "टॉनिक" के समान है... है न?"

"हाँ मन्नू! वचन देती हूँ तेरे बताए पाँच मन्त्रों का पालन तो करूँगी ही और "टॉनिक" लेने भी जरूर आऊँगी... क्योंकि मैं यह रहस्य जान गयी हूँ कि, हमारा दायित्व केवल हमारा परिवार ही नहीं हम स्वयं भी हैं... आज से अपने लिए भी, मैं हूँ ना!" अनीता ने ठहाका लगाया और दोनों सहेलियाँ स्नेहालिंगन में बंध गयी थीं।

www.ingramcontent.com/pod-product-compliance
Ingram Content Group UK Ltd.
Pitfield, Milton Keynes, MK11 3LW, UK
UKHW021658190726
13853UKWH00001B/341